<u>Die Macht der Gedanken</u>

Nichts bleibt dem Menschen so lange in Erinnerung, wie Erzählungen über Dich, wenn Du nicht mehr da bist!

Einführung

Zuerst muss ich Dir sagen: Lektoren sind gut und sinnvoll! Aber auch teuer! Ich hoffe wirklich, dass es so viele Menschen gibt, die mein Buch lesen werden, damit sich ein Lektor bezahlt macht. Aber erst bei der 2. Auflage! Darum meine Bitte an Dich:

Korrigiere alles was Du für falsch hältst! Nicht den Inhalt, das ist meines! Aber Interpunktion und fehlende oder falsche Wörter. Zuviel Umgangssprachliches!

Jeder Verbesserungsvorschlag, der an – passneko@web.de – geschickt wird kommt als Korrektur in die nächste Auflage! Versprochen!

Und los.......

Einführung

Gedanken hat jeder Mensch und jeder Mensch darf diese *bisher* unterschätzte und zum Teil verborgene (verbotene?) Macht für sich einsetzen! Ja, das darfst Du! Auch wenn es manchen Menschen nicht gefällt! Menschen, die es Dir am liebsten verbieten wollen. Lass´ Dich nicht aufhalten!

Es gibt Menschen die behaupten, die Gedanken Anderer lesen zu können! Das ist durchaus möglich, wenn man sich intensiv mit der menschlichen Natur beschäftigt und das menschliche Verhalten genau beobachtet. Aber trotzdem gehören Deine Gedanken allein Dir! Sätze wie:"ich habe jetzt keine Zeit, darüber nachzudenken" sind gefährlicher, als es sich hier anhört. Wenn Du keine Zeit dafür hast, Dir Gedanken zu machen, tut es ein anderer für DICH! Und nutzt damit vielleicht DEINE Macht!

Ein Kind oder Jungendlicher denkt sicher nicht so viel nach wie ein Erwachsener. Ich habe das früher oft vernachlässigt. Aber dann bin ich auf gewacht. Es gibt so viel, über das es sich lohnt, nachzudenken. Und wenn diese Gedanken dann auch noch praktisch eingesetzt werden können! Und ich möchte andere an dem teilhaben lassen was mit Gedanken alles möglich ist.

Es ist „sozusagen" die Sammlung meiner Gedanken über einen sehr langen Zeitraum hinweg. Manchmal wirst Du Dich fragen, geht das überhaupt? Und ich sage Dir alles geht, wenn Du es Dir *vorstellen* kannst!

Ich habe es als Fragen formuliert, damit Du Dich besser einfühlen kannst und Dir Deine eigenen Gedanken als Antworten sinnvoll erscheinen.

Es gibt unglaublich viele Bücher zu diesem Thema und alle wollen Dir etwas mitteilen. Es gibt witzige Bücher, wie z. B. das von Vince Ebert „Denken Sie selbst!" Andere Autoren befassen sich ernster mit dem Thema. Ich weiß, dass es ein ernstes Thema ist und nicht mit Spott überzogen werden soll! Dadurch erkennt man die wahre Macht nicht, welche hinter dem Thema steckt. Es ist nur lustig für die Leser, leicht zu lesen und verkauft sich gut! Zwar versuche ich auch ein wenig Humor einzubringen damit es nicht zu trocken ist, aber der ernste Hintergrund darf dabei nicht verloren gehen. Humor ist nur *der Abstand zum Gegenstand* den Du betrachtest. Geh ruhig ein Stück zurück, aber nicht zu weit!

Die besten Bücher, die inhaltlich zu meinem passen, mit ähnlichen Ansätzen, werde ich im Anhang als Quellen angeben. Schließlich möchte ich nicht, dass jemand sagt, ich hätte nur seine Ideen und Gedanken benutzt! Es ist keine Doktorarbeit, es sind meine eigenen Erfahrungen.

Im Gegenteil, die Ideen anderer haben mich herausgefordert, es selber zu probieren und die wahre Macht der Gedanken funktioniert! Manchmal habe ich sogar das Gefühl, dass es bei mir besser klappt, als in den Büchern beschrieben wird, die ich lesen durfte!

Durch diese Bücher, wurde es für mich sehr wichtig, alle Informationen auch zu hinterfragen und auszuprobieren! Im Lauf der Jahre ist mir klar geworden, dass Gedanken eine stark unterschätzte Macht sind. Jeder hat sie und fast niemand benutzt sie! Ich hoffe sehr, Dir mit diesem Buch die Möglichkeit zu geben, diese Macht zu erkennen, zu lernen und zu nutzen. Für den Fall, dass Du in Deinem Leben irgendetwas erreichen möchtest, was Du bisher nicht geschafft hast. Vielleicht klappt es nach dieser Lektüre!

Es gibt zudem nichts Freieres als Gedanken. Und es gibt keinen Menschen auf dieser Welt der nicht denkt, auch wenn es manchmal so aussieht. Und es gibt niemanden auf dieser Welt der DIR verbieten kann, dass Du Dir Deine eigenen Gedanken machst, auch wenn es manche gerne wollen! Ich wiederhole mich hier zwar, aber es ist so wichtig, dass Du Dir darüber im Klaren bist! Du bist frei in Deinen Gedanken! Und sogar noch freier, wenn Du es schaffst Deine Gedanken auch laut auszusprechen und damit wahr werden zu lassen!

Ich erzähle hier einige, für mich interessante Dinge auf. Ob Du es glaubst, oder noch besser, selbst ausprobieren möchtest – bleibt ganz alleine Dir überlassen!

Vorher muss ich noch sagen, dass ich nicht an Zufälle glaube! Alles hat seinen Grund. Auch wenn Dir im ersten Moment nicht klar ist, welchen! Dir ist dieses Buch in die Hände *gefallen*? Es hat seinen Grund warum ausgerechnet Du es lesen sollst!

....denk darüber nach!

Auch Du kannst diese unterschätzte Macht für Dich nutzen. Es gehört ein wenig Übung dazu und Mut! <u>Nicht nur es zu lesen, sondern die Macht auszuprobieren!</u>

1

Sind Gedanken schneller als das Licht?

Das ist die erste Frage, über welche ich mir sehr viele Gedanken gemacht habe. Du vielleicht auch schon?

Ich muss bei meinen Fragen auf Deine „Mitarbeit" zählen. Alle Fragen und Gedanken, sollen auch für Dich Wirklichkeit werden. Somit fordere ich Dich bei jedem Kapitel auf, mitzuarbeiten, in dem DU DENKST!

Nach Einsteins Theorie und der Ansicht vieler anderer Wissenschaftler gibt es nichts, das schneller ist als das Licht. Diese Theorie ist inzwischen nicht mehr ganz aktuell! Wir wissen heute schon sehr viel mehr über das Universum und die Zeit, als Einstein es sich hätte träumen lassen. Leider wissen wir noch lange nicht alles!

Also.......

Stell Dir einen Lichtstrahl vor. Mach Dir ein Bild von dem was Du sehen willst.

Das heißt die einzelnen Lichtphotonen, welche von der Sonne abgestrahlt regelrecht weggeschleudert werden, um dann *irgendwann* auf unsere Erde zu treffen. Natürlich sind das keine echten kleinen Partikel. In Wirklichkeit sind es Wellen. Aber wir versuchen die Vorstellung von kleinsten Teilchen damit es einfacher ist, es sich bildlich vorzustellen. Dabei ist es wichtig, dass Du es Dir *wirklich* vorstellst! Der Gedanke in Bildern, ist die einzige Möglichkeit „Wissen" zu erhalten.

Und nun überprüfe bitte wie lange Du gebraucht hast, um diesen Gedanken ihn in einem Bild in Deinen Gedanken zu „fesseln"? Es waren nur Sekunden! Oder? *Dies ist übrigens eine Lernmethode für viele andere Dinge. Du kannst Dir das, was Du lernen möchtest, als Bild vorstellen und es bleibt viel schneller und auch sehr viel länger im Kopf.*

Das Licht der Sonne braucht ca. 8 Minuten, um auf unsere Erde zu treffen, um für uns sozusagen *sichtbar* zu werden. Hierbei kommt es nicht unbedingt darauf an, dass wir alle physikalischen Gesetze beachten. Raumzeit, Raumkrümmung und ähnliche schwerwiegenden Dinge! Es geht ja hier aber *nur* um Gedanken! Nicht um Astrophysik!

Die genaue Darstellung und die Funktion der Augen, in Bezug auf Licht, erspare ich mir an dieser Stelle. Das kannst Du in den passenden Fachbüchern nachlesen, wenn Du es nicht schon in der Schule gelernt hast. Der wahre Grund für die Dauer liegt an der großen Entfernung. Die genaue Strecke in Metern oder Kilometern kannst Du jederzeit bei „Google" oder Wikipedia nachfragen. Hierbei findest Du allerdings auch die Information, dass es dem Licht möglich ist eine Strecke ohne (!) Zeitverlust, also nicht messbar, zu überbrücken. Also ist das Licht in diesem Fall genauso schnell wie ein Gedanke. *Sind Gedanken Licht*? Aber wieso brauchen Licht oder Strahlenereignisse, zum Teil Milliarden Lichtjahre, um bei uns auf der Erde gesehen zu werden? Oder innerhalb von Sekundenbruchteilen hier zu sein? Ist das Universum wirklich in einer so kurzen Zeitspanne entstanden, dass es für uns Menschen noch nicht mal vorstellbar ist?

In diesem Bereich widerspricht sich die Wissenschaft, meiner Ansicht nach. Oder doch nicht? Vielleicht schließt das Eine das Andere nicht aus!

Da wir uns zurzeit auf der Erde befinden gehen wir von den hier gegebenen Bedingungen aus. *„So mit Atmosphäre und Luft und Wolken"*, alles was dazu gehört. Sollten wir irgendwann mal die Gelegenheit bekommen, unser Gedankenspiel auf einem anderen Planeten oder in einer anderen Dimension zu testen, wer weiß ob es da nicht anderes ist. *Hier ist viel Platz für Phantasie!*

Deine Gedanken haben die *Entfernung* von der Sonne bis zu Dir in wenigen Sekunden zurück gelegt, wenn überhaupt! Und da kommen wir zu dem „*oder nicht*"? Gibt es eine Entfernung für Gedanken? Liegt es an Deinen Synapsen, wenn Deine Gedanken nicht so schnell sind? Oder brauchen Gedanken doch so lange wie das Licht?

Ich habe es natürlich ausprobiert und es ging viel schneller. Für genaue Zeitangaben fehlen mir die Messinstrumente. Aber das ist für mich der erste Beweis, dass Gedanken genauso schnell oder sogar schneller sind, als das Licht. Wenn einer daraus eine „echte wissenschaftliche Studie" machen möchte, viel Erfolg! Lass mich das Ergebnis wissen.

Ok, wir können das Ganze auch anderes herum versuchen: Nimm Dir 8 Minuten Zeit, um ein einzelnes Lichtphoton über seinen langen Weg von der Sonne bis hierher zu uns, zu verfolgen. Sieh seinen Weg von der Sonnenoberfläche, an den einzelnen Planeten vorbei, durch das schwarze All, an den verschiedensten großen und kleineren Gesteinsbrocken vorbei und zum Schluss – links am Mond entlang – in gerader Linie direkt zu Dir.

Upps, genau ins Auge..!

Mist! Wahrscheinlich waren Deine Gedanken wieder fast genauso schnell, wie es für Dich gedauert hat, diese Zeilen zu lesen! Ich nehme nicht an, dass Du dafür 8 Minuten gebraucht hast! *Ich habe deutlich länger gebraucht es aufzuschreiben!* Versuche es nochmal! Wenn Du es schaffst könntest Du vielleicht sogar ein Leben in Zeitlupe haben! Falls das für Dich erstrebenswert ist.

Manchmal wäre es bestimmt sehr schön, alles würde etwas langsamer gehen. Gerade in unserer hektischen Zeit! Wir haben oft das Gefühl, nicht genügend Zeit. Für alle Dinge die wir machen möchten oder glauben, tun zu müssen.

Zu diesem Punkt habe ich noch ein Experiment für Dich: Stell Dir vor, Du hast eine sehr lange Autofahrt vor Dir und überhaupt keine Lust stundenlang einfach nur am Steuer zu sitzen oder noch schlimmer, als Beifahrer daneben! Dann nimm Dir gedanklich eine Linie, auf der die nächsten Stunden als Abschnitte zu „sehen" sind. Wenn Du nun in Gedanken diese

Linie verkürzt und Dich ganz fest darauf konzentrierst, könnte es sein, dass die Zeit sehr viel schneller vergeht und Deine lange Fahrt sich verkürzt! Ich habe es ausprobiert und es funktioniert. Übrigens auch anders herum! Wenn Du etwas mehr Zeit brauchst als Du zur Verfügung hast. Wie gerade schon *gesagt*, hat in der heutigen Zeit fast jeder immer mehr Stress, weil ihm die Zeit fehlt. Du auch? Oder weil Dir die Zeit genommen wird, durch Dinge die Du erledigen musst.

Das kannst Du genauso ändern wie alles andere auch. Nimm Dir die Zeitlinie und ziehe sie *gedanklich* in die Länge bis Du alles in Ruhe geschafft hast, was Du machen wolltest! Auch hier versichere ich Dir, dass es funktioniert! Der Grund hierfür ist einfach. Zeit ist nur ein Gefühl! Sie existiert nur auf unserer Erde und ist nur von uns zu spüren. In Wirklichkeit ist die Zeit nur eine Dimension, die wir erleben dürfen.

Es gibt noch etwas anderes, ganz Erstaunliches, welches hier auf alle Fälle erwähnt gehört. Wenn man diese Wellen, die sozusagen unser „Licht" darstellen, in andere Bereiche umwandelt, kannst Du sogar den zeitlichen Anfang unseres Universums sehen. Und damit meine ich wirklich den Anfang. Die

Zeit vor über 13 Milliarden Jahren. Für Deine Gedanken dauert diese Vorstellung ebenfalls nur Sekundenbruchteile. <u>Was für eine Macht!</u>

Quelle 1

Und nun versuche bitte einen etwas anderen Gedanken. Der Gedanke, dass ganz viele Lichtphotonen gleichzeitig auf ihrem Weg von der Sonne, zu Dir unterwegs sind. Es ist ein unendliches Meer an Lichtphotonen, die aber erst sichtbar werden, wenn sie in unserer Atmosphäre eintreffen und in Deine Augen fallen. In Deinen Gedanken kannst Du diese Milliarden von Lichtphotonen auch ohne Atmosphäre und bei geschlossenen Augen sehen, weil Deine Gedanken Dir dieses Bild zeigen. Es geht sogar mit geschlossenen Augen viel besser. Nein! Jetzt nicht die Augen zumachen – weiterlesen! Natürlich gehört in diese Vorstellung auch, dass der Mond gerade nicht so im Weg steht, dass es bei Dir gerade Nacht ist – *wobei* - auch das ist *„in Gedanken vorstellbar"!* Und es ist ein wunderschönes Bild, wenn die Lichtwellen in der Atmosphäre ankommen. Einige tausend gehen zeitgleich an unserer Erde vorbei und werden niemals zu Licht. *Aber diejenigen, die hier ankommen, umschwärmen Dich wie ein riesiger Ozean aus bunten Wellen.* In manchen Filmen stellen die

Macher, Wellen und Strahlen dar. Zum Beispiel Magnetfeldwellen. Das könnte eine hilfreiche bildliche Darstellung für Dich sein, um Dir ein eigenes Bild zu erschaffen.

Es ist an der ZEIT für Deine Mitarbeit!

Du sitzt an Deinem Lieblingstisch, ob das nun in der Küche, im Wohnzimmer oder im Büro ist, bleibt nur für Dich wichtig. Du sitzt also irgendwo rum und liest dieses Buch. Entschuldige bitte die etwas „*flapsige*" Wortwahl. Nun stell Dir dabei bildhaft Deinen absoluten Lieblingsort vor! Am besten Du liest zuerst diese Zeilen fertig und probierst es danach aus!

Der Ort kann ein Strand sein, an dem Du mal Urlaub gemacht hast oder eine wunderschöne Wiese im strahlenden Sonnenschein. Nimm einen Ort, der möglichst weit weg ist. Es kann auch eine Insel sein, die Du nur von Bildern oder aus Filmen kennst. Egal wie Dein Lieblingsort aussieht, es sieht keiner außer Dir.

Du stellst Dir nun gerade vor, Du befindest Dich an Deinem Lieblingsort!

Die reale Entfernung der beiden Orte ist bei diesem Gedankenspiel wichtig.

Deine gerade angestellten Überlegungen haben nur wenige Sekunden in Anspruch genommen. Die „echte" Reise an Deinen „Lieblingsort" nähme selbst mit einem schnellen Flugzeug, viel mehr Zeit in Anspruch. Alleine der Weg zum Flughafen, dauert sicher eine ganze Stunde. *Wie wäre es, wenn Du nicht nur die Gedanken auf die Reise schicken könntest, sondern Dich gleich mit?*

Wärest Du kein Mensch, sondern ein Quark, dann könntest Du Dich an beiden Orten gleichzeitig aufhalten. Damit meine ich nicht den Quark im Kühlschrank, sondern einen sehr kleinen Partikel aus der Quantenphysik! Ob es für einen Menschen auch möglich ist, so eine Reise zu machen, muss erst noch bewiesen werden! Das Doppelspalt- Experiment ist z. Bsp. der Beweis dafür, dass ein Lichtphoton <u>zeitgleich</u> an zwei Orten sein kann. Die Tatsache, dass ein Lichtphoton zeitgleich durch <u>beide</u> Öffnungen hindurch gegangen ist, wird durch Studien aus diesem Bereich belegt. Deshalb heißt es „Doppelspalt-Experiment"!

Die Aussage aus einer der Quellen ist hierbei, dass erst *hinterher* festzustellen ist, *wie schnell* <u>oder</u> *wo* ein Teilchen gewesen ist. Beides gleichzeitig zu beobachten ist nicht möglich. Es ist nur das *Geschehene* zu erkennen. Ich finde es sehr schade, dass ein Lichtphoton zeitgleich, zwei Spalten durchqueren kann, sich dabei aber nicht *beobachten* lässt.

Ich möchte das Experiment hier nicht zu ausführlich beschreiben, dafür sind die Quellen zum nachlesen angegeben. Es ist nicht ganz einfach zu begreifen, außer Du bist ein Physikprofessor. Aber mit genügend Vorstellungskraft wird es Dir gelingen. Wichtig hierbei ist, dass Du der Wissenschaft glaubst! Der Glaube an die Wissenschaft ist in diesem Zusammenhang unerlässlich. In anderen Bereichen kannst Du gerne darauf verzichten. Wo und wann Du verzichtest, ist Deine Sache!

Sehen kannst Du es nur im Labor. Zumindest das, was das Quark Dich sehen lässt.

Und nun die gegensätzliche Frage:

Sind Gedanken nicht schneller als das Licht!?

Es ist ja ebenfalls möglich, seine Gedanken zu verlangsamen. Dass es manchmal Stunden dauern kann, einen guten Gedanken zu *finden*, ist Dir sicherlich schon aufgefallen. *(Vielleicht bei der Suche nach einer Ausrede?)*

Bei manchen Gedanken ist das wichtig! Sie brauchen ihre Zeit. Sie sind so gut, dass es lohnt diese Zeit zu investieren! Wenn der „gute Gedanke" erst mal zu erkennen ist, musst Du ihn festhalten! Sonst kann es sein, dass die Stunden die Du gebraucht hast, ihn zu erhalten in wenigen Sekunden zunichte gemacht sind – *weil er wieder weg ist!*

Nein, Du brauchst das nicht jetzt ausprobieren, das kannst Du später testen!

Was ich damit sagen will, selbst ein sehr guter Gedanke oder ein geniale Idee, ist immer schon in Deinem Kopf gewesen. Aber nicht in dem Bereich, auf den Du gerade zu greifst. Sie liegen verborgen und warten auf eine Gelegenheit, *ans Licht zu kommen*. Dazu das folgende „Gedankenspiel"!

Wie lange kann es dauern, in einem Restaurant ein Essen auszuwählen? Du nimmst die Speisekarte, welche der nette Kellner Dir gereicht hat, während Du ein Getränk bestellt hast. Du blätterst langsam die einzelnen Seiten um und überfliegst das Angebot. Ja, so eine Speiskarte kann ganz schön umfassend sein. Ich komme ins Schwärmen, wenn ich dabei an mein Lieblingsrestaurant denke. *Meine Gedanken schweifen ab!*

Halt nein! Wir machen es anders. Du hast nur 5 Gerichte zur Auswahl! Nicht mehr und nicht weniger! Diese Gerichte ähneln sich bis auf wenige Kleinigkeiten, was die Wahl erschwert!

Ok, noch mal von vorne, es ist ja nur eine Spiel!

Der Kellner kommt und reicht Dir einen „Zettel" auf dem die 5 Gerichte *handschriftlich* vermerkt sind und nimmt Deinen Getränkewunsch auf! *Eindeutig nicht mein Lieblingsrestaurant! Wenn diesen „Zettel" heute schon viel andere in der Hand hatten. Upps, besser nicht darüber nachdenken!*

Schon der erste Blick auf das Papier reicht, um eine Wahl zu treffen. Dann fängst Du an *nachzudenken* und wägst ab, ob Bratkartoffeln, Kroketten oder Pommes.

Fleisch, Fisch oder nur Gemüse? „Möchte ich dies oder doch besser das Andere?" In dieser Art geht es wahrscheinlich einige Zeit in Deinem Kopf herum.

Aber die Entscheidung fällt dann genau in dem Moment, in dem der Kellner an Deinen Tisch kommt und nachfragt, ob Du schon *„gewählt"* hast. *Die Geduld des Kellners passt übrigens zur Speisekarte – nicht besonders groß!*

Ich behaupte nun, dass Du Deine Wahl in *der ersten Sekunde* gefällt hast, in der Du die Liste der „Speisen" überflogen hast! Ohne richtig gelesen zu haben. Einfach nur indem der Blick darüber gegangen ist.

Die anschließenden Gedanken, die Du Dir in der kurzen Wartezeit gemacht hast, könnten wie folgt aussehen:

- wie groß ist die Portion, die ich bekommen werde?

- na eigentlich bin ich doch auf Diät – Mist – nur fettiges Zeug!

- was essen denn die anderen?

- oh, es ist ja erst das Mittagessen...

- im Sommer sollte man so was nicht essen..

- oh, es ist schon so spät, das liegt bestimmt schwer im Magen...

Ich möchte hier nicht jeden einzelnen Gedanken aufschreiben. Der Grund dafür ist hauptsächlich, dass es DEINE Gedanken sind. Ich gebe nur ein paar Ansätze. Ergänze die Liste nach Deinen Wünschen! Hierbei hast Du die Freiheit, alle Gedanken zuzulassen und auch zu Ende zu denken. Das Buch läuft Dir nicht davon! *In dem Lokal, während des Versuches geht das nicht. Wahrscheinlich bekommst Du gar nichts zu essen, wenn Du zu lange überlegst, weil sie schließen.*

Und wie schon erwähnt, die Geduld des ist Kellners gering. Ein kleines Experiment, das auszutesten, wäre sicherlich ausgesprochen lustig!

Zum Abschluss behaupte ich noch einmal, dass der ERSTE GEDANKE – die erste Wahl – genau das Essen ist, welches Du im ERSTEN MOMENT „ausgesucht" hattest! Ohne Dir darüber wirklich im Klaren gewesen zu sein! *Hat da etwas Anderes für Dich gewählt?*

Der Gedanke war schon vorher in Deinem Kopf und musste nur „geweckt" werden. Der Auslöser war vielleicht der Kellner. Bei vielen anderen Gelegenheiten, werden Gedanken ebenfalls durch „*etwas*" ausgelöst! Das meine ich im wörtlichen Sinn!

Herausgelöst aus ihrem „Versteck" in Deinem Kopf! Für einen Test, eine Prüfung oder ähnliches, ist das sehr praktisch! Ich behaupte, dass Du alles weißt, was Du wissen musst. Um dieses Wissen in den Bereich zu bringen, in dem Du es „benutzen" kannst, brauchst Du einen Auslöser. Es gibt Auslöser positiver und negativer Natur. Für mich wäre der Kellner (ohne Geduld) ein negativer Auslöser.

Der Gedanke, dass Du Dich „einfach" nur erinnern musst, ist für mich der Schönste! Alles ist vorhanden und man kann sich daran erinnern!

Eine Statistik hierfür habe ich nicht gefunden. Weder eine echte, noch ein erfundene. Es ist meine Behauptung. Aber ich habe es ausprobiert und dadurch meine Behauptung, bestätigt bekommen. An dieser Stelle bitte ich Dich, um diese Feldstudie:

Die Wahl des Essens!

Nicht, dass Du bei Deinem nächstes Außer – Haus – Essen auf einem Feld speisen sollst, nein, das heißt nur so!

Bei Deinem nächsten Besuch in einer Lokalität mit ähnlichen Voraussetzungen, prüfe bitte, ob Du genau das Gericht aussuchst, welches Du mit dem ersten Gedanken fest gelegt hast. Denn in Wahrheit hat nicht *Dein Denken* ausgesucht, sondern etwas ANDERES! Deine Gedanken wurden *danach* durch *irgendetwas* in die Länge gezogen, abgelenkt. Vielleicht durch die *Abwesenheit des Kellners,* die *„Auswahl", den Feldversuch?*

Auch die Variante der Erinnerung an Wissen, kannst Du testen. Im Alltag vielleicht mit Straßennamen? Bei einem Quiz im TV.

Abschließend möchte ich festhalten, dass Gedanken, auch wenn Du es nicht merkst, schneller sind als das Licht! Sie schießen förmlich in Deinen Kopf! Die erste gestellte Frage, ist damit *für mich mit ja* beantwortet! Dazu mir fällt mir noch etwas anderes ein. Vielleicht wird es für Dich dadurch deutlicher.

Stelle Dir bitte ein Ereignis vor. Dieses mal etwas ganz anderes, wie das Vergnügen eines Essens. Ein Ereignis, von dem Du möchtest, dass es stattfindet. Einen Anruf zu bekommen, von einem Menschen, den Du lange nicht mehr gesehen oder gehört hast. *Oder den Du einfach hören willst.*

Du konzentrierst Dich ganz fest auf dieses Ereignis....*und es wird geschehen.* Je schneller der Andere Dich anruft, umso intensiver waren

Deine Gedanken an ihn. Oder eure gedankliche Verbindung ist unheimlich stark. Bei Menschen die sich sehr lange kennen, kann eine solch starke Verbindung existieren. Aber auch bei Menschen, die sich sehr zueinander hingezogen fühlen. Frisch Verliebte, zum Beispiel. Oder der feste Partner, wenn ihr räumlich getrennt seid.

Nun fragst Du Dich vielleicht, ob Deine Gedanken mit *Lichtgeschwindigkeit,* die Entfernung zwischen euch beiden überbrückt haben. Bei den bisher festgestellten Möglichkeiten, ist das durchaus möglich.

Und bei dem Anderen, hat der Gedanke, *Dein Wunsch*, ihn zu hören, plötzlich im Kopf „geklingelt". So als würde ein Telefon läuten. Genau das, was Du in diesem Moment, von dem anderen Menschen erwartest. *„Lass mal wieder etwas von Dir hören!"* Wenn Du dieses kleine Experiment ausprobierst, solltest Du auf jeden Fall fragen, warum der Andere gerade in Moment anruft. Nur so kannst Du kontrollieren, ob Deine Gedanken wirklich angekommen sind. Oder nur ein ZUFALL?

An dieser Stelle möchte ich behaupten, dass Dir genau so etwas schon mindestens einmal passiert ist! Du bist Dir vielleicht nicht im Klaren darüber oder hast es vergessen. Nur durch die Erzählung, kommen die Gedanken zurück. Sie waren niemals weg, nur versteckt.

Deine Gedanken haben sich nicht so sehr darauf konzentriert, bis zu diesem Zeitpunkt. Vielmehr hat es von ganz alleine funktioniert. Ohne, dass Du Dich sonderlich anstrengen musstest. Hier zeigt sich, dass Du die Macht jetzt schon hast und auch einsetzen kannst. Da es sich bei diesem kleinen Experiment, nur ansatzweise, um die Zeitfrage handelt, kannst Du es zwischendurch immer wieder versuchen.

Gerechterweise muss ich hierbei auch sagen, dass es nicht funktionieren kann, wen der Andere Dich nicht hören will! Und aus diesem Grund nicht anruft. Dagegen kannst Du nichts machen! Aber ich bin mir sicher, dass es trotzdem bei ihm klingelt! Und überprüfe bitte auch die Gegenseite – hattest Du nicht schön mal das Gefühl – ich muss meine Freundin anrufen? Bei der nächsten Gelegenheit, kannst Du sie fragen, ob sie intensiv an Dich gedacht hat.

Und somit habe ich meine 2. Frage im ersten Kapitel negiert. Gedanken sind <u>doch</u> schneller als Licht! Dazu kommt noch – sie vermehren sich zudem mit *Lichtgeschwindigkeit,* wenn Du es zulässt! Und sie sind schrecklich schnell weg, wenn Du versuchst sie festzuhalten!

Du musst mir nicht zustimmen, aber ausprobieren wäre wichtig!! Wenn Du es nicht ausprobierst, kannst Du mir weder zustimmen, noch widersprechen!

Gedanken nicht nur viel schneller als Licht, sondern sie können noch viel mehr.

2

Durchdringen Gedanken Materie?

Das ist meine nächste Frage, über die ich mir lange Zeit, viele Gedanken gemacht habe.

Es ist möglich! *(Das ist eine Behauptung!)* **Natürlich brauche ich, um diesen Beweis, auch für Dich zu erbringen, Deine Mitarbeit. Ich könnte nun viele Beispiele anführen, da ich schon seit Jahren über dieses Thema nachdenke. Das ist hier allerdings nicht der Sinn der Sache! Zu dicke Bücher lesen nur wenige Menschen! Ich möchte viele Menschen erreichen und zum nachdenken anregen. Zur Anregung Deiner Gedanken, brauche ich jedoch einige Beispiele.**

Ich werde Beispiele auswählen, die Du nach vollziehen, persönlich testen und danach, für Dich positiv belegen kannst. Sind meine Überlegungen und Behauptungen richtig oder nicht?

Ok, fangen wir mit dem ersten Beispiel an:

Du wachst morgens auf und bevor Du die Augen öffnest, weißt Du genau, welche Gegenstände sich um Dich herum befinden. Du

weißt das aus dem einfachen Grund, weil Du regelmäßig in diesem Bett schläfst. Bitte diesen 2. „Feldversuch" beim 1. Mal nicht im Urlaub, in einem Hotel oder nach einem Umzug in eine neue Wohnung machen! *Das gilt nicht*! Später kannst Du das gerne ausprobieren! Du wirst sehen, auch das geht, da Gedanken Materie durchdringen können!

Mit ein wenig Übung funktioniert es, denn Gedanken durchdringen Materie!

Es müssen nicht alle Gegenstände in Deinen Gedanken erscheinen. Schließlich weißt Du nicht, ob Deine Katze schon zuhause ist und neben Dir liegt. Oder wie es bei mir der Fall ist, der Nachbarkater liegt in meinem Bett! Da gehört er gar nicht hin. Gastkatzen schlafen auf dem Sofa.

Also, Du wirst wach und siehst, bevor(!) Du die Augen öffnest, dass neben Dir, der von Dir geliebte Mensch, noch selig schlummert! Das wäre der beste Fall. Im schlimmsten Fall der Wecker, der Dich soeben aus dem Tiefschlaf gerissen hat. Bei mir würde der Wecker nicht mehr neben meinem Bett stehen. Ich hätte ihn sofort an die Wand geworfen. In meinem Leben gibt keine „Krachmaschine" mehr. Der Vorteil des inneren Weckers, ist mir zuteil geworden.

Wir wollen als Beispiel hier weder das Beste, noch das Schlimmste annehmen. *Wir* gehen in unserem Fall von einem „*normalen*" Schlafzimmer aus. Und wir nehmen einen freien Tag, am besten den Sonntag. Da ist meistens mehr Zeit für Gedanken.

Du wirst wach und weißt genau, was neben Dir steht. Was sich auf der anderen Seite der Zimmertüre (*Holz oder Kunststoff*) befindet. Du weißt auch, was sich auf der anderen Seite der Mauer (*Material je nach Wunsch – Holz oder Stein*) befindet. Dein Schlafzimmer ist von den anderen Räumen abgetrennt. Gedanken lassen sich aber durch Wände, nicht aufhalten! Du weißt ebenso ganz genau, was sich unter Dir, im Keller befindet. Du selber hast diesen vollgestellt. Die Wollmäuse unter dem Bett, sind in diesem Fall nicht mit in die Vorstellung einzubeziehen.

Deine Gedanken durchdringen also jegliche Materie, ohne an Barrieren zu stoßen. Und diese Leistung erbringen Gedanken auch in einem „*Zustand*", der wahrscheinlich noch nicht Deiner „Tagesform" entspricht.

Moment! So einfach können und wollen wir uns das Experiment nicht machen. Da könnte ja jeder sagen, so eine Behauptung ist lächerlich! Dieses Wissen ist durch Beobachtung entstanden und nicht durch die Kraft der Gedanken. *(vielleicht ahnst Du schon auf was hinaus möchte?)* Die Räume sind schließlich die ganze Zeit, in genau diesem Zustand, vorhanden gewesen. *Bis auf die Katze!* Nichts Ungewohntes oder Unerwartetes! *Bis auf die Katze! Und wir beide könnten nicht belegen, dass Gedanken Materie durchdringen kann!*

Also wollen wir uns an etwas heranwagen, dass manchen nicht gefallen wird.... etwas *Unbekanntes!*

Ich muss im Folgenden davon ausgehen, dass auch Du an Orte kommst, die Du noch nicht kennst. Oder vor Gebäuden stehst, die Du noch *nie zuvor von innen*, gesehen hast. Und eine solche Situation wollen wir uns als *nächstes Beispiel* vornehmen. Zu Anfang wäre es für Dich am einfachsten, in Deiner nächsten Umgebung zu bleiben. Dort gibt es sicher mehr als genug Häuser, die Du noch nicht kennst. Weder von innen, noch von außen. Die Problematik daran ist, dass Du zur Kontrolle hinein musst. Ein Privathaus ist hierfür nicht geeignet. Besser ein Lokal, oder ein Museum. Dort kannst Du vorher den „Feldversuch" machen und ohne Probleme zur Überprüfung hinein gehen.

Hierfür muss ich kurz in meine eigene Erinnerung gehen. Deine Erinnerung steht mir nicht zur Verfügung. Ich sehe in Gedanken ein Lokal vor mir. *Nein ich denke nicht immer nur an Essen!* Aber dieses Beispiel passt sehr gut.

Wir waren mit einem Freund unterwegs und wollten zum Abschluss unseres Ausfluges, etwas essen gehen. So kam uns der Vorschlag unseres Freundes, an einem amerikanischen Restaurant anzuhalten und eine Kleinigkeit „einzuwerfen", sehr entgegen. Dieser Freund war schon mehrmals in den USA gewesen und kannte dieses Lokal. Uns war es unbekannt. Trotzdem konnte ich mir - *in Gedanken* - genau vorstellen, wie die Einrichtung aussehen würde. Ich habe mehrere Filme gesehen, in welchen diese Art Restaurant, als Standort der Handlung gedient hat. Von außen passte es genau im meine Vorstellung. Ein Lokal am Rand eines „Highway" in den USA. Klar, dieses Lokal lag nicht am Rand eines Highways, sondern nur an einer deutschen Autobahn. Sogar an solchen Orten, können eine Menge interessanter Dinge geschehen. Je mehr Spielraum Du Deinen Gedanken lässt, um so interessante wird es.

Das für mich interessanteste, an diesem Beispiel, war das Ergebnis.

Die Einrichtung, welche ich beim Betreten des Lokals vor mir sah, entsprach exakt meiner Vorstellung. Alles was ich vorher in meinen Gedanken gesehen hatte, war hier vorhanden! Details erspare ich Dir, da Du das Experiment selber machen sollst! Und vielleicht eine andere Art von Örtlichkeit wählst. Sehen alle Lokale dieser Welt gleich aus?

Die Einrichtung in meinem Fall, war genauso, wie in einem der Filme, die ich gesehen hatte! Und genauso wie ich es erwartet hatte! *Ist es die Standard Einrichtung für amerikanische Restaurants in Deutschland?* War es ein purer Zufall? (*ich glaube nicht an Zufälle!*)

Oder hat sich die Einrichtung <u>vorher</u> in meinen Gedanken ihren Platz gesucht? Oder, noch schlimmer, hat sich die Einrichtung *an meine Gedanken* angepasst? Eine erschreckende Vorstellung, oder?

Dadurch, dass unser Freund vor meinem Experiment, schon mehrmals in diesem Lokal gewesen ist, kann ich sagen, dass die Einrichtung immer so ausgesehen hat. Alleine der Gedanke und der Wunsch danach es zu wissen, hat mir ein Bild zur Verfügung gestellt!

Ein anderes Beispiel:

Eine gute Freundin lädt Dich in ihr neues Heim ein. Ja, es gibt noch Menschen, die gelegentlich die „Behausung" wechseln. Es ist eine wirklich gute Freundin. Ihr kennt euch seit vielen Jahren. Das macht Deine Überlegungen und Deine „Feldstudie" einfacher! Du kennst ihren Geschmack und kannst Dir vorher vorstellen, wie ihre Wohnung eingerichtet sein könnte. Von modern bis klassisch ist alles möglich!

Du kommst pünktlich zur verabredeten Zeit. Das gebietet die Höflichkeit. Deine Freundin bittet Dich herein. Nachdem es sich in diesem Fall ebenfalls um eine „Feldstudie" handelt, hast Du Dir auf dem Weg ausführlich Gedanken gemacht. Du weißt schon, bevor Du die Wohnung betrittst, ungefähr wie sie eingerichtet sein wird.

Dann musst Du aber noch überprüfen, wie nah das Ergebnis mit der Realität übereinstimmt. Wie viel von Deinen Gedanken befindet sich tatsächlich in der Wohnung? Haben Deine Gedanken die richtigen Bilder geliefert?

Bitte prüfe bei der nächsten Gelegenheit, die sich Dir bietet, ob ich Recht habe!

Kommen wir nun zu einem *richtig* interessanten Beispiel. Du kannst mit Deinen Gedanken, Dinge verändern. Bei einer

Einrichtung, die Du nicht kennst und Dir nur vorstellen kannst, dürfte dies allerdings schwierig werden. Es ist quasi nicht möglich, Einrichtungen zu verändern, wenn Du vor einem Haus stehst und Dir vorstellst, wie es im Inneren aussieht. Wenn Du mit Deinen Gedanken etwas verändern könntest, würdest Du die Bewohner sicherlich furchtbar erschrecken. Aber wir wollen hier ja Experimente machen. Als Möglichkeit steht hier ein „Doppelexperiment" zur Verfügung. Das ist allerdings gewagt. Du brauchst jemanden, der auch dieses Buch gelesen hat. Der, genau wie Du, genug Übung in *„Gedanken machen"* hat und mutig genug ist.

Dann sucht ihr euch ein leer stehendes Haus oder Schuppen. Einer geht hinein, der andere bleibt draußen. Wer zuerst hineingeht, darf sich alles anschauen und merken. Farben, Gegenstände an bestimmten Stellen oder auch nur, ob eine Türe offen steht. Dann geht derjenige wieder hinaus. Der andere stellt sich, in der Zwischenzeit, das Innere vor. Die Feststellung zwischen Bilder in Gedanken und Realität, muss anschließend besprochen werden. Feststellen, ob und wenn ja, was sich etwas *verändert* hat. Wenn das nicht geschieht, habt ihr keinen Beweis. Es ist dann kein belegbares Experiment.

Während sich der Wartende das Bild einer geschlossenen Türe gesehen hat, stand diese Türe vielleicht offen. Oder sie stand während der „Besichtigung" offen und ist bei der Überprüfung geschlossen. Die Farbe an den Wänden war in der Vorstellung weiß und ist nun blau. Ich gebe zu, es sind starke Veränderungen, aber es ist möglich. Beide Varianten funktionieren. Die eine Möglichkeit der Vorstellung und die andere, der Veränderung! Probiere es aus!

Du kannst diese Art der „Feldstudie" in Deinen Alltag integrieren. Alles, was Du nicht kennst, aber in Gedanken vorstellst und *sehen,* welche Bilder Dir *geliefert* werden. Eine Überprüfung der Tatsachen gehört in jedem Fall dazu! Stimmen die Farben? Sind bestimmte Gegenstände an der Stelle, die Du gesehen hast?

An dieser Stelle möchte ich eine nützliche Idee einbauen. Ist es Dir schon mal passiert, dass Du etwas verlegt hast? Sicher! Den Schlüssel oder ein Schmuckstück. Das geht sicher fast jedem Menschen so. Wollen wir einen kleinen Test machen – ja? Schließlich sollst Du mitarbeiten und Dich nicht nur mit lesen vergnügen!

Angenommen, Du hast einen Ring verlegt, welchen Du *unbedingt* heute tragen willst. Weil er so gut zu dem Outfit passt, welches Du heute trägst!

Du kannst ihn trotz intensiver Suche nicht finden. Er liegt nicht an dem Platz, an dem er liegen sollte. Die anderen, möglichen Orte, hast Du schon abgesucht – alle?

Mach bitte die Augen zu und *sehe* Deinen Ring! *Halt! Erst lesen und danach das Experiment machen. Mit geschlossenen Augen lesen kommt später!*

Du siehst nur den Ring! Der Hintergrund ist erst mal dunkel! Volle Konzentration! Lass den Hintergrund um den Ring herum langsam heller werden. *Es werde Licht!*

Dabei hast Du die Augen noch immer geschlossen. Langsam wird etwas heller. Versuche nun die Umgebung, um den Ring herum zu erkennen. Mit geschlossenen Augen natürlich! Kommt sie Dir bekannt vor? Ist es vielleicht das Bord im Wohnzimmer? Wo der Ring „zufällig" beim Aufräumen mit in eine Schublade gefallen ist? Oder passt der Untergrund farblich so gut zu Deinem Ring, dass Du ihn nicht auf Anhieb liegen siehst?

Oder liegt einfach eine Zeitschrift darauf? Schau doch noch mal etwas genauer hin!

Das ist nur ein Beispiel für eine, von unzähligen Möglichkeiten. Es ist durchaus möglich, dass Du auf diese Art einen verlegten Gegenstand wieder finden kannst. Versuch es! Verlieren kannst Du dadurch nicht! Nur gewinnen! Für den Fall, dass Du mit dieser Möglichkeit einen verlegten Gegenstand wiederfindest, lass es mich wissen. Dies wäre ein weiterer Beweis für meine Behauptung - *Gedanken durchdringen Materie!*

3

Bestimmen Gedanken Gefühle?

Vielleicht sagst Du am Anfang, klar, das ist doch keine Frage! Bitte gib mir etwas Zeit, um auf den folgenden Seiten, genauer zu werden. Um auf den wahren Grund der Frage zu kommen. Wenn alles von vorne herein klar wäre, könnte ich mir diese Kapitel sparen!

In diesem Abschnitt ist Deine Mitarbeit absolut unerlässlich! Hauptsächlich aus dem Grund, weil ich Dir mit diesem Buch helfen möchte, Dein Leben zum Positiven zu verändern. *Falls das nötig ist? Wenn Du so ein Optimist bist wie ich, kannst Du die Versuche trotzdem machen und Deine Lebensqualität extrem steigern.*

Du weißt selbst am besten, wie Du Dich fühlen kannst. Bei Sonnenschein ist es vielleicht besser, als bei Regen. Manche Menschen bevorzugen Regen. Ich gehöre nicht zu diesen Menschen, ich liebe Sonne und Wärme! Regen mag ich auch! Dabei kann ich sehr gut schlafen!

Dazu fällt mir eine ganz entzückende Szene aus einem Film ein: *„Es regnet, weil Du traurig bist!"* Sagt der Filmheld zu IHR. Leider kann nicht jeder mit seiner Stimmung das Wetter so ändern wie die junge Dame in diesem Film. Es handelt sich hierbei um eine Außerirdische! Ein Klassefilm! Ich komme später noch mal auf dieses spezielle Thema, aber das muss warten. Nun zum Thema zurück.

Deine Stimmung hat sehr viel mit Deiner Tagesform zu tun. Nicht alle Tage sind gleich, dementsprechend ist auch Deine Stimmung unterschiedlich. Es ist auch nicht nötig, immer gleich gut „drauf" zu sein. Das erwartet keiner von Dir! Aber wenn Du immer schlecht „drauf" bist, solltest Du schnellstens etwas daran ändern! Hallo – das Leben ist schön!!! Meistens jedenfalls! Mit der Macht der positiven Gedanken bist Du immer auf der guten Seite!

Hormone spielen gerade bei uns Frauen eine sehr große Rolle. Voraussetzung für eine naturgegebene „Gedankeneinstellung" ist, dass Du Deinen Körper nicht durch irgendwelche „Pillen" in eine Richtung zwingst, die von Natur aus nicht vorgesehen ist. Das kann sehr belastend sein. Du zwingst Deinen Körper in eine Richtung, die nicht naturgegeben ist. Die Zeit der Hormonpillen ist schon lange zu Ende! Viele wissen es nur noch nicht! Frag Dich, wenn Du so was nimmst, warum? Dabei möchte ich hier jetzt nicht ins Detail gehen – *mach Dir Deine eigenen Gedanken dazu! Und frag die richtigen Menschen, die das studiert haben!* Ein guter Arzt ist nicht von der Medikamenten Mafia abhängig. Er interessiert sich für seine Patienten!

Medikamente können Dich zu einem anderen Menschen werden lassen. *Ein Mensch, der Du in Wahrheit nicht bist.* Nicht alles, was ein Arzt Dir verschreibt, ist nötig oder nützlich! Das soll bitte keine Kritik an unserer modernen Medizin sein, aber ich meine, dass viel zu schnell und viel zu oft und leichtfertig Tabletten verordnet werden! Tabletten die nicht sein müssen. Es gibt sehr viele Möglichkeiten, Unpässlichkeiten des Menschen mit natürlichen Mitteln in den Griff zu bekommen. Schließlich sind wir Menschen Natur!

Quelle 7

Ich bin inzwischen gänzlich abgeneigt Tabletten zu nehmen. Sogar Schmerzmittel kannst Du *fast* ganz vermeiden. Durch die Konzentration der Gedanken auf den Schmerz. Das verlangt sehr viel Übung und den Willen dazu! Bei nächster Gelegenheit und leichten

Schmerzen kannst Du es versuchen. Stell Dir eine Schmerzlinie vor. Ganz ähnlich wie eine Zeitlinie in einem Diagramm.

Diese Linie, ist in dem Moment, in dem Du Schmerz spürst, keine Linie mehr. Sie gleicht einem Kurvenverlauf. Der „Normalzustand" ist die Linie, aber bei Schmerzen schlägt sie nach oben aus. Je nachdem wie stark der Schmerz ist. Fang bitte mit leichten Schmerzen an. Du könntest zu schnell aufgeben, wenn es nicht auf Anhieb klappt. Bitte bedenke, dass auch Schmerzen Gefühle sind, die Du verändern kannst. Nicht verwechseln mit Schmerzen, die z.B. ein Unfall auslöst. Wenn Du Dir ein Bein gebrochen hast, helfen wirklich nur Tabletten oder Spritzen.

Beginne mit der Übung bitte ganz einfach. Meist kommt ein leichter Schmerz in sanften Wellen. Das heißt, er ist nicht immer gleich stark. (Die beste Variante zum Üben für Dich.) Setzt die Welle ein, stellst Du Dir auf der Schmerzlinie einen Ausschlag vor. Bildlich bitte! Um das Ganze zu *lernen*, müsstest Du einige „Ausschläge" verkraften können. Nach vier oder fünf Ausschlägen drückst Du gedanklich, den Ausschlag des Schmerzes nach unten. Es wird wieder eine Linie. Hier verspreche ich Dir, mit etwas Übung wirst Du es schaffen! Leichte Schmerzen sind ohne Tabletten wegzubekommen. Als zusätzliche Hilfe kannst Du Deine Hände auf die schmerzende Stelle legen und dadurch Deinen Energiefluss erhöhen. Besonders hilfreich ist diese Methode in dem Du leichte Schmerzen hast und keine Tablette nehmen willst oder keine zur Hand hast.

Ein Arzt Dir helfen kann, wenn es starke Schmerzen sind und Du die Ursache nicht kennst. Wir wollen ja Deine Gesundheit nicht gefährden, sondern verbessern. Ich

Schmerz ist immer ein Zeichen, dass irgendetwas nicht in Ordnung ist. Es kann ein seelischer Schmerz sein, den Du lange unterdrückt hast und der sich nun durch den Körper einen Weg sucht, damit Du ihn beachtest! Wichtig ist in jedem Fall, dass Du die Ursache zu finden versuchst. Alleine die Bekämpfung des Schmerzes hilft nur kurzfristig! Erst wenn Du die Ursache beseitigt hast, wirst Du auf Dauer schmerzfrei sein können!

Mancher Schmerz ist aber auch fast willkommen – Gefühle die ausgelebt werden möchten und müssen. Wie Trauer oder Liebeskummer! Diese Gefühle – Schmerzen sind nötig, um Dich zu reinigen! Lass sie zu!

Bei Männern kann ich die körperlichen Umstände nicht so gut beurteilen, aber ich glaube auch hier sind die Hormone für einen großen Teil der Stimmungen zuständig! *Sorry, ich schweife schon wieder von Hauptthema ab!*

Ich will an dieser Stelle und in diesem Kapitel behaupten, Du kannst Deine eigene Stimmung verändern, in dem Du <u>positiv</u> denkst! Ein schöner und guter Gedanke am Morgen kann für den ganzen Tag reichen. Wenn Du ihn zulässt. In der Psychologie gibt es die Übung des „Kampfgrinsens". Ja, das heißt wirklich so, weil der Patient dazu aufgefordert wird, vor einem Spiegel, so lange zu lächeln oder zu grinsen, bis das Gehirn glaubt, der Mensch vor dem Spiegel hat gute Laune! *Und es funktioniert tatsächlich!*

Nur dadurch, dass die Mundwinkel nach oben zeigen, wird im Gehirn eine besondere Stimmung erzeugt. Die beanspruchten Muskeln beim Lächeln geben die Information, <u>„Gute Laune!"</u> an die „grauen Zellen" weiter. Es gibt hierbei keinen Unterschied, ob Du tatsächlich gut gelaunt bist, oder nur die Mundwinkel nach oben ziehst. Das Gehirn kann nach einiger Zeit nicht mehr unterscheiden, was zuerst vorhanden war. Die „Gute Laune" oder die nach oben zeigenden Mundwinkel. War Dir diese faszinierende Kombination, der gegenseitigen „Einflussnahme" bewusst? Der Körper reagiert auf das Gehirn, aber das Gehirn reagiert genauso auf den Körper. Sowohl bewusst wie auch unbewusst! Ein ganz kleines Beispiel möchte ich an dieser Stelle einbauen. Die aufrechte Haltung im Gegenzug zum gebeugten Rücken. Versuche einmal mit gebeugtem Rücken eine positive Stimmung zu bekommen! Das wird nicht funktionieren. Alleine diese Haltung sagt dem Gehirn, dass Du nicht gut drauf bist; Dich sozusagen „hängen" lässt. Wenn Du Dich aufrichtest, den Rücken gerade machst und den Kopf hebst, kannst Du Deine Stimmung verändern.

Wie kann ich Dir nun beweisen, dass Stimmungen sich auch nur durch Gedanken ändern können? Ich möchte, dass Du es ebenfalls anders herum kannst.

Die psychologischen „Tricks" werden nur angewendet, wenn sonst nichts hilft, genau wie Medikamente. Gedanken haben keine Nebenwirkungen!

Auch bei mir gibt es Tage, an denen ich nicht so gut *„drauf"* bin. Das liegt nicht nur am Wetter. Manchmal habe ich die Nacht zuvor, nicht genug geschlafen, oder morgens schon <u>vor 8</u> einen Anruf bekommen. Das schlägt extrem negativ auf meine Stimmung. Sollte ich morgens in so einer Stimmung sein, muss ich zuerst überlegen, ob ich mir diese Stimmung heute leisten kann und will! Wenn nicht versuche ich sie zu ändern!

Noch mal zur Ruhe kommen und noch mal den Tag beginnen. Am Anfang dauert es ein bisschen länger. Später brauchst Du nur wenig Zeit um Dich in die Stimmung zu bringen, welche Du „heute" haben willst.

Ich setze mich mit einem Kaffee und meinen Katzen auf meinen Lieblingsplatz. Dann mache ich die Augen zu und versetze mich (bildlich) in eine Situation, die mir sehr angenehm ist. *Welche Situation das für Dich ist, musst Du selber herausfinden.*

Mir hilft im Fall *„schlechter Laune durch Regen",* immer die Erinnerung an einen weißen Sandstrand. Palmen und nette, gut gelaunte Menschen an meiner Seite. Da ich eine solche Erinnerung habe, kann ich sie jederzeit abrufen. An einem regnerischen Tag mal schnell in den Urlaub „flüchten"! Selbst wenn es nur ein paar Minuten sind.

Für Dich ist ein nettes und lustiges Gesellschaftsereignis besser? Eine tolle Party oder ein Konzert, bei dem Du richtig gute

Laune hattest. Probier es aus. Setz Dich, wenn Du schlechte Laune hast, in Ruhe hin und erschaffe Dir eine richtig tolle Situation. *Bildlich In Gedanken*. Ich würde mit Dir wetten, dass Du es nach wenigen Minuten schaffst, Deine Laune einige „Punkte" nach oben zu verbessern. Lass Dich völlig von der positiven Stimmung leiten. Deine Gedanken können gar nicht anderes, als sich zum Positiven zu wenden. Die Situation in Deiner Erinnerung bringt nichts anderes als gute Laune. Diese gute Laune übernimmst Du ins „Jetzt" und der Tag ist gerettet!

Das menschliche Gehirn ist ein geniales Organ! Der Rest ist auch toll wäre! Das Gehirn ist aber etwas ganz Besonderes! Und bitte nimm´ Dir die Zeit dafür. Dieser zeitliche Einsatz lohnt sich! Mehr, als Du es Dir im Moment gerade vorstellen kannst. Ähnlich wie bei einer Ernährungsumstellung. Die langfristige und positive Veränderung kommt erst nach einer gewissen Zeit. Gute Ergebnisse kommen nicht innerhalb von Tagen. Der Körper und der Kopf brauchen die Zeit sich umzustellen.

Auf die Genialität unseres Gehirns möchte etwas genauer eingehen.

Die Forschungen in Bezug auf das Gehirn, derzeit noch nicht besonders fortgeschritten.

Wir wissen, dass der „Durchschnittsmensch"
nur ca. 20 – 25 % seiner Kapazität benutzt!
Manche Menschen, *viel zu wenige,* benutzen
mehr! Diese Wenigen, nennen wir
„hochbegabt" oder Genie! Ob diese Menschen
immer gute Laune haben oder jederzeit positiv
denken, kann ich Dir nicht sagen. Meiner
Erfahrung nach, ist es aber nicht
auszuschließen. Je mehr positive Energie ein
Mensch ausstrahlt, umso mehr scheint er auch
seinen Kopf zu gebrauchen.

Ich kenne einige von Menschen, welche in
diese Kategorie fallen und erstaunlicherweise
sind diese Menschen, meistens guter Laune.
Ein Zufall?

Zu diesem Thema kam kürzlich ein kleiner
Beitrag im TV. Dort behauptete ein Herr Dr.
„Sowieso", auf die Frage nach der Nutzung des
menschlichen Gehirns, mit folgenden Worten:

*„Die Gehirnregionen, die wo dazu benutzt
werden, sind einfach zu erkennen."*
(Originaltext) Ich bemühe mich hier, so wenig
Umgangssprache wie möglich zu verwenden.
Bei einem Interview wäre ich sicher auch
nervös, aber die richtige Wortwahl und
Aussage eines Doktors, sollte passen!

Und genau diese Wortwahl verhindert bei mir, dass ich glaube, es handelt sich hierbei um einen echten „Dr."! Ich selber bemühe mich um eine gepflegte Umgangssprache! Manchmal gelingt es mir gut, manchmal nicht! Auch ohne eine Kamera, die meine Äußerungen in die Welt hinaus sendet. Meine Umgebung leidet genug darunter.

Gerade bei einem solch wichtigen Thema, sollte man davon ausgehen können, dass „Fachleute" sich besondere Mühe geben, ordentliche Sätze zu sagen! Was meinst Du dazu? Vor laufender Kamera auf alle Fälle! Ich persönlich halte die Szene für ein echtes Schauspiel. Uns „doofen Zuschauern" soll durch „Fachkompetenz" etwas glaubhaft gemacht werden. Leider wurde noch dazu der Fehler gemacht, Äpfel mit Birnen zu vergleichen. Der gute „Herr Dr..." vertritt die Meinung, dass ein Mensch immer 100 % seines Gehirns benutzt. Es ging bei dem Thema nicht darum, wie viel Gehirnregionen arbeiten. Es ging darum, die Kapazität der einzelnen arbeiten Regionen in % und in Farbe zu zeigen. Und das scheint nicht möglich.

Eine sehr gut aussehende Schauspielerin hatte sich freundlicherweise zur Verfügung gestellt, dieses Schauspiel mitzumachen. Sie war der gleichen landläufigen Meinung, dass nur 20 – 25 % genutzt würden. Und durch diese Manipulation mit falschen Ansätzen wurde sie als unwissend hingestellt. Zudem ist es nicht die einzige Manipulation im TV! Wir bekommen jeden Tag so viele Informationen zugetragen. Wie viel davon echt ist, wenn etwas echt ist, überlasse ich Deiner Entscheidung.

Können wir einfach die „fehlenden und nötigen" Kapazitäten, unseres Gehirns einfach dazu schalten? Diese Überlegung solltest Du selber fortführen! Solch ein Potential und wir wissen nicht wie wir damit umgehen können. Als Vergleich würde sich folgendes Beispiel anbieten. Dir stellt jemand einen Ferrari vor die Türe und Du hast keine Ahnung wie Du damit fahren kannst. Der Schlüssel steckt und der Tank ist voll. Aber wo ist der Anlasser? Wie komme ich an die kleinen Pedale, ohne alle auf einmal zu treffen? An dieser Stelle kommt das Besondere für mich. Ich bin mir sicher, dass wir es können! Wir können mehr Potential „dazu schalten" wenn wir es nur wollen. Du kannst diesen Ferrari fahren. Du weißt alles was dafür nötig ist. Schalte Dein Wissen dazu! Wenn wir unseren Gedanken den Raum verschaffen, den sie benötigen, können wir alles! Wir brauchen nur etwas Übung. Und Mut! Auch ein Ferrari ist nur ein Auto.

Unsere Wissenschaft sagt, dass wir *noch* nicht so weit sind. Warum wohl? Sollen wir es nicht können? Was wäre wenn wir es doch schon können? Wem würde das schaden? Uns sicher nicht!

Es nur beweisen zu wollen, heißt nicht, dass es nicht jetzt schon möglich ist! Wahrscheinlich würden *sie* sowieso wieder nur das „beweisen", und öffentlich zugänglich machen, was *ihnen* passt. Was nicht passt wird nicht zugelassen.

Zudem weiß ich auch nicht, ob es für manche Machtmenschen so gut wäre, wenn wir auf einmal mehr erkennen, sehen und wissen! Allein durch die komplett genutzte Kapazität unseres Gehirns.

Doch zurück zum Thema:

Zeiten, in denen ich nicht so gut „drauf" bin, werden mit der obengenannten Übung immer seltener! Das Positive und die gute Laune machen so viel mehr Spaß! Du wirst es bestimmt auch bei Dir feststellen, dass gute Laune fast „süchtig" macht. Alles ist viel leichter und das Leben ist viel angenehmer. Die Menschen um Dich herum lächeln öfter zurück, wenn Du sie zuerst anlächelst! Diese Leichtigkeit ist der Sinn unseres Lebens. Hier kommt meine persönliche Meinung zum Tragen! *Es ist mein Buch und damit meine Meinung.*

Zudem gibt es nichts wirklich *wichtiges,* weshalb ein Mensch schlechte Laune haben sollte! Noch nicht mal Post vom Finanzamt! Wenn Dich jemand, durch sein Verhalten geärgert hat, liegt es allein an Dir, ob Du zulässt, dass dieses Verhalten auf Deine Stimmung übergeht oder nicht. Überlege genau, ob der andere Mensch es überhaupt wert ist, auf ihn oder sein Verhalten zu reagieren! Du wirst feststellen, dass dies meistens nicht der Fall ist. Sein Verhalten Dir gegenüber, war bestimmt nicht so gemeint, wie Du es aufgefasst hast. Ein Mensch, der Dir WERT ist, würde sicher niemals absichtlich etwas tun, das Dich verletzt oder kränkt. Vielleicht hat Dein Gegenüber sich nur nicht klar genug ausgedrückt, War mit seinen Gedanken ganz weit weg. (*z. Bsp. auf einer Insel?)*

Es ist schwer, in dem Moment eines „Fehlverhaltens anderer Menschen" genau zu sortieren, aber das kannst Du üben. Durch solche Übungen können Gedanken, Gefühle bestimmen. Je nachdem in welche Richtung, sich Deine Gedanken bewegen. Die Gefühle werden sich anpassen. Probiere es aus und finde heraus, ob ich Recht habe.

An dieser Stelle möchte ich noch eine Quelle erwähnen, die bei *meiner* Entwicklung sehr hilfreich war. Quelle 6 Es war die Empfehlung eines lieben Freundes, der das Buch auf Grund seines Titels *für mich* ausgewählt hatte. Zuerst dachte ich, dass er mich damit ärgern wollte. Nachdem ich es gelesen hatte, habe ich mich bei ihm bedankt! Es war ein weiterer Schritt in die richtige Richtung!

Absolute Leseempfehlung!

Selbstverständlich gibt es Menschen, die nichts Besseres zu tun haben, als andere ärgern zu wollen. Sie suchen den ganzen Tag „Opfer". Ihr Ziel ist es, diese Opfer absichtlich mit ihrem Verhalten, zu verärgern. Selber nicht in der Lage, Freude zu empfinden, streben sie danach, andere Menschen *vielleicht sogar absichtlich,* zu quälen. Durch kleine und gemeine Sprüche! Durch wohlüberlegte „dumme" Aussagen! Eine ganz traurige Sorte Menschen! Du gehst Ihnen am besten aus dem Weg!

Ja, ich gebe es zu, nicht alle Menschen sind nett! Ich glaube gerne, dass der Mensch dem ich begegne, nett ist. So lange bis er mich vom Gegenteil überzeugt!

Denjenigen wenigen Menschen, die *„nicht nett"* sind, solltest Du keine Sekunde Deiner wertvollen Zeit schenken. Analysiere das Verhalten der Menschen, die Dir tagsüber begegnen. Suche das Beste davon für Dich raus. Niemand kann von Dir verlangen, zu allen Menschen nett zu sein! Deine Entscheidung!

Auch zu einem Menschen der *„anderen Sorte"* zu werden, ist hierbei ein Grenzgebiet. Bei einem „dummen Spruch" erst mal durchatmen und analysieren. In *Quelle 6* werden hierfür tolle Trainingsprogramme angeboten! Was Du letztendlich aus einem dummen Spruch machst, bleibt alleine Dir überlassen. Reagieren oder nicht. Alles ist möglich und erlaubt. (Zitat)

Für mich habe ich festgestellt, dass ich inzwischen sogar aussprechen kann, wenn ich etwas *nicht* möchte. Zum Beispiel, wenn mir jemand etwas erzählen will, das mich überhaupt nicht interessiert. Vielleicht sogar auch nichts angeht. Dann kann ich demjenigen direkt sagen: „Du, das interessiert mich nicht!"

Früher hätte ich das nicht geschafft, aus Angst mein Gegenüber vor den Kopf zu stoßen. Heute ist mir das fast egal. Auf mich und meine Gefühle, nimmt auch nicht jeder Rücksicht. Gerade bei solchen Sprüchen kommt es auf die Dosis an, mit der Du Dein „Gift" verteilst! Du willst schließlich keine allzu schlechten Gefühle bei einem anderen Menschen auslösen. Oder doch? An manchen Tagen ist die Giftdosis sicher höher.

Dabei ist ebenso schwierig, keinem netten Menschen auf die Füße zu treten, den „bösen" Menschen, aber so gründlich die Meinung zu sagen, dass diese es auch verstehen. Für die anfängliche Übungszeit empfehle ich Dir daher ein dickes Fell und taube Ohren gegen dumme Sprüche. Es ist allein Deine Entscheidung, Dich einfach umzudrehen und wegzugehen, wenn Du etwas nicht möchtest. Das Gefühl, dass dieser Weggang, ein kleiner Sieg über einen dummen Spruch ist, lässt Deine Gedanken zu neuen Höhenflügen aufsteigen! Versprochen!

Im Gegenteil zu einem dummen oder gemeinen Spruch, den Dir jemand an den Kopf wirft, kann ein kleines Kompliment viel positive Energie hervorbringen. Deine Laune kann innerhalb von Sekunden umschlagen. Vielleicht ist es für Dich ein wertvolles Erlebnis, einem Menschen etwas Nettes zu sagen, um dann zu sehen, wie sich ein strahlendes Lächeln auf seinem Gesicht zeigt. Stelle Dir eine Verkäuferin vor, die sich den ganzen Tag mit schlecht gelaunten Menschen herumschlagen muss. Dabei muss sie immer freundlich bleiben. Das fällt ihr bestimmt nicht immer leicht. Wenn sie nun von Dir ein nettes und freundliches Wort hört und Du sie anlächelst, hast Du ihren Tag vielleicht gerettet.

Diese Erfahrung musst Du selber machen! Vor allem weil dieses *Positive* sofort auf Dich übergeht. Ich probiere es so oft es mir möglich ist und es ist toll! Ein herrliches Gefühl.

Wenn Du einem anderen Menschen, etwas Nettes sagst und dieser sich darüber freut, vermehren sich Deine positiven Gedanken in Sekundenschnelle. Es ermöglicht Dir ein gutes Gefühl. Für mich ist dies Beweis genug, dass Gedanken Gefühle bestimmen. Die Veränderung ist in beide Richtungen möglich und Du alleine hast die Macht, Deine Gefühle durch Deine Gedanken, zu bestimmen. *Du kannst zulassen, dass Gedanken Deine Gefühle verändern!* Genauso wie Deine Gefühle Gedanken verändern!

Das kann Dir keiner nehmen!

Leider gibt es zu diesem Thema auch einen, nicht so angenehmen Abschnitt. Den möchte ich nur kurz erwähnen, weil er dazu gehört. Es gibt starke Gedanken, die Dich blockieren. Die Du nicht aus dem Kopf bekommst. Deine Gedanken gehen immer wieder, zu diesen unangenehmen und teilweise lästigen Überlegungen zurück. Du kannst sie einfach nicht abschalten. Meist kommen sie im Bett, wenn Du Dich einfach nur entspannen möchtest und Deinen Schlaf brauchst. Der Kopf, mit all seinen Gedanken, kann nicht abschalten. In diesem Fall kann es helfen, wenn Du Dich ganz ruhig auf den Rücken legst und die vollkommene Ruheposition einnimmst. Das heißt, dass Du keine Bewegung mehr zulässt. Wenn es hier und da mal juckt, liege ganz still! Die Ruhe des Körpers wird auf Deine Gedanken übergehen. Die völlige Bewegungslosigkeit wird sich auf Deine Gedanken übertragen. Mit Übung und Ausdauer, kannst Du abschalten und für den nächsten Tag fit sein. Die Gedanken kommen sicher wieder, bis Du eine Lösung gefunden hast. Es hat aber keinen Sinn, sich dafür Nachtruhe zerstören zu lassen!

Sollten Dich diese „fiesen Gedanken" von Deinem Tagesgeschäft ablenken, habe ich noch ein Rezept – Sport! Wenn Du den Körper beschäftigst, ist es möglich die Gedanken für einige Zeit in Schach zu halten. Es hilft nicht immer, aber es ist eine gute und sinnvolle Möglichkeit.

4

Erschaffen Gedanken Erinnerungen?

„Ich wünsche Dir, dass aus Deinem Gedanken eine Erinnerung wird!"

Wie bei den vorangegangenen Punkten ist Deine Mitarbeit hierbei ganz besonders erforderlich. *Du liest gerade meine Gedanken.* Um aus Deinen Gedanken, Erinnerungen zu machen, musst Du später natürlich Deine Erinnerungen benutzen. Hast Du Erinnerungen an besondere Ereignisse? Sicher! Sind diese Erinnerungen mit positiven Gefühlen verbunden oder eher nicht? Wahrscheinlich beides zu gleichen Teilen. Bisher! Wenn Du ein positiver Mensch bist, oder es werden willst, werden Erinnerungen an gute Momente und schöne Ereignisse überwiegen. Bei negativ eingestellten Menschen, überwiegen die negativen Erinnerungen.

Ein negatives Ereignis aus Deiner Vergangenheit belastet Dich. Je mehr Du nachdenkst und zulässt, dass sich Deine Gedanken immer wieder ins Negative ziehen lassen, umso schlimmer wird es. Nur wenn es Dir gelingt, es zu beenden, wird es besser.

Wenn Du an etwas denkst, das Dich „nach vorne" bringt. *Ein negativer Gedanke kann Dir den ganzen Tag versauen.* Du kannst die Negativität in einen neutralen oder sogar in einen positiven Gedanken umarbeiten.

An dieser Stelle muss ich auf Grund eines aktuellen Fall, kurz abschweifen. Negative Gedanken können Dich in Deinem Alltag „runter ziehen"! Bei mir ist dies gerade der Fall. Ja, leider bin auch ich noch nicht ganz davon geheilt, negative Gedanken komplett zu verhindern! Aber wenn ich mir darüber bewusst bin, dass es nichts bringt, fällt es mir leichter eine Änderung zu erreichen.

Bitte versuche, egal was Deine Gedanken beschäftigt, eine neutrale bis positive Einstellung einzunehmen. Es ist meistens nicht so schlimm, wie Du im ersten Augenblick glaubst!!! Eine Lösung gibt es immer, auch wenn Du sie gerade nicht sehen kannst. Die Sonne ist auch immer da. Du kannst sie wegen ein paar Wolken, nur nicht richtig sehen! Ok, nachts kannst Du sie gar nicht sehen, obwohl sie da ist. Nur auf der anderen Seite der Erde.

Wenn Du an etwas denkst oder vielleicht auf eine Nachricht wartest, erwarte eine neutrale bis positive Nachricht! Für mich gilt dies im Besonderen, da ich manchmal längerfristig planen muss und es schon vorgekommen ist, dass meine Pläne nicht so funktioniert haben, wie ich es geplant hatte. So wie gerade wieder! Meine Pläne wurden durchkreuzt. Dass mir das natürlich nicht passt, brauche ich nicht gesondert zu erwähnen! Es gibt Situationen in denen jemand „anderes" unseren Weg bereitet. Auch wenn Dir das gerade nicht passt! Wer weiß wozu es, im Nachhinein gut ist?

Ein Beispiel aus meiner Vergangenheit. Mein erster Mann hatte immer eine sehr negative Einstellung. Sah in allem und jedem, nur das Schlechte. Er ging immer zuerst davon aus, dass etwas nicht klappt. Ganz so wie die *sich selbst erfüllende Prophezeiung*. Durch solch negative Einstellung, gibt sich das „Andere" besonders Mühe, Deine Wünsche nach Negativem, zu erfüllen. In seinem Fall waren es wichtige Unterlagen. Sie sollten bis zu einem festen Termin ankommen. Also brachte er sie zur Post, mit dem Gedanken *„sie kommen ja doch nicht rechtzeitig an"*! Und sein Wunsch wurde ihm erfüllt. Die Unterlagen kamen nicht nur, nicht rechtzeitig sondern gar nicht an! Auf dem Postweg verschwunden. Nachdem er erfahren hat, dass die Unterlagen nicht angekommen waren, musste er alles noch einmal zusammen stellen. Und dann brachte ich den Brief zur Post. Mit dem Gedanken, dass alles was ich mache auch gut und pünktlich klappt. Und weißt Du was, am nächsten Tag waren die Unterlagen an der Stelle, an der sie sein sollten.

Tja, auch so können Gedanken Realität werden. Aber halt wir sind ja beim Thema Erinnerungen.

Der Grund, warum dennoch manche Dinge, so und anders laufen, zeigt sich erst hinterher. Und warum sogar bei mir, manche Dinge nicht so klappen, wie ich es haben will, erfahre ich später. Deine Pläne können ebenso durchkreuzt werden und es kann sein, dass Du erst Jahre später erfährst, warum es so und nicht anders sein sollte! Gibt es eine höhere Macht, die auf uns achtet? Dieser Abschnitt gehört ebenfalls in den Bereich „ Realität" und ich werde später noch mal darauf zurück kommen.

Das Ereignis, welches Dich belastet, ist vorbei! Wir sprechen in diesem Abschnitt über Erinnerungen, auch wenn ich gelegentlich abschweife. Es gibt immer wieder traurige Ereignisse, die Dir negativ in Erinnerung bleiben. Aber diese Ereignisse sind *Geschichte.* Vorbei! Vergangenheit! Sobald eine Sekunde vergangen ist. In diesem Fall ist die Zeit ein großer Vorteil. Solche Erinnerungen werden nicht besser dadurch, dass Du immer wieder an sie zurück denkst. Aber Du kannst sie in *neutral* verändern. Es ja entweder lange her, oder gerade erst. Auf alle Fälle vorbei. Eine neutrale Erinnerung ist sehr viel angenehmer, als eine negative! Die beste Erinnerung, ist eine Positive!

Den Ausdruck „Déjà-vu" hast Du sicher schon gehört? Dabei handelt es sich wissenschaftlich betrachtet, um eine Verkettung und Wiederholung von Gedanken, die in ähnlichen Situationen, ähnliche Gefühle auslösen. Wenn Du einen geregelten Tagesablauf hast, werden immer wieder die gleichen Situationen entstehen. Dabei kann es vorkommen, dass Du das Gefühl hast, *„das kenn ich. Das hatte ich doch schon mal!"*

Es gibt Menschen die behaupten, dass ein solches „Déjà-vu" keine Erinnerung ist, sondern eine Situation Deines Spiegelbildes in einem Paralelluniversum. Da kann man sich drüber streiten, ob es so etwas überhaupt gibt. Angeblich soll es nicht nur unser Universum geben, sondern ganz viele andere, zeitgleich und nebeneinander. Das gehört aber nicht zu dem Thema, welches ich beschreiben will...

sorry ich schweife schon wieder ab! Vielleicht erkläre ich es im nächsten Buch.

Es gibt wissenschaftliche Studien, in welchen das Thema behandelt wird, dass sich unser Gehirn auch an Situationen und Ereignisse erinnern kann, die der betreffende Mensch, selber gar nicht erlebt hat. Upps! Ich weiß wie das klingt. Das Gehirn kann zum Beispiel, so arbeiten, dass Du Dir ein Foto anschaust und Dich genau an das Ereignis erinnerst! Und das, obwohl es nicht stattgefunden hat. Zumindest nicht mit Dir als Beteiligter. Derjenige, der Dich an eine solche Situation „erinnert", muss für Dich sehr glaubwürdig sein! Er „überzeugt" Dich von etwas. Durch Informationen oder besondere Fragen. Ganz böse Zungen würden Gehirnwäsche dazu sagen! Das machen wir hier nicht.

Ich habe mehrmals Berichte darüber gesehen und gelesen, und finde diese Möglichkeit sehr faszinierend. Auch wenn es manipulativ ist. Ebenso kannst Du genau diese Fähigkeit des Gehirns dazu benutzen, um ein unangenehmes Ereignis nachträglich in ein positives Ereignis zu verändern. Du brauchst Dich nur daran zu erinnern, dass es gut war. Auch das ist Manipulation, aber Du manipulierst nur Dich selber!

Das klingt an dieser Stelle einfacher, als es in Wirklichkeit ist. Wenn Dich eine Erinnerung jedoch sehr quält, ist es besser Du verwandelst sie. Es wird nicht auf Anhieb gehen, aber wenn Du übst und lernst, dass es anders besser ist, wird es funktionieren. Meine Erinnerungen sind fast alle richtig schön. Die weniger Schönen habe ich einfach vergessen!

Ich meine selbstverständlich keine Ereignisse wie Todesfälle. Die sind schrecklich und können nicht in etwas Neutrales oder Positives verwandelt werden. Jedoch gehören auch solche Ereignisse auch in unser Leben. Sie werden immer schrecklich bleiben! Das Leben beinhaltet auch den Tod. Wenn Du Dir darüber klar bist, dass es einfacher ist, damit weiter zu leben, einen geliebten Menschen verloren zu haben, hast Du schon gewonnen. An dieser Stelle möchte ich Dir noch sagen, dass es ja keinen wirklichen Tot gibt. Wir bestehen aus Energie! Und Energie kann man nicht zerstören, nur umwandeln. Es wird immer Energie bleiben, auch wenn diese Energie andere Form annimmt. Die Ansichten von einem Leben nach dem Tod oder *andere Möglichkeiten* ist somit nicht mehr so unverständlich. Darum sagen manche Menschen, dass Erinnerungen auch aus einem anderen, vorangegangenen oder sogar zukünftigen Leben stammen können. Eine interessante Theorie, oder?

An dieser Stelle meine ich aber Ereignisse, in denen Du vielleicht nicht so reagiert hast, wie Du wolltest. Bei einem Gespräch vielleicht? Du hast die Worte nicht so *„in die Reihe"* bekommen, wie Du sie aussprechen wolltest und fragst Dich hinterher immer wieder, warum.

Dein Gesprächsgegenüber hat den völlig falschen Eindruck von Dir bekommen? Meinst Du!

Anstatt Dir die ganze Zeit den Kopf zu zerbrechen, erinnere Dich so an das Ereignis, wie Du es willst. Du hast Dich in diesem Gespräch genau mit den Worten klar und verständlich ausgedrückt, dass Dein Gesprächspartner Dich anschließend nicht mit einem schlechten Gefühl zurück gelassen hat. Nein, es ist genau so verlaufen wie Du es wolltest! Erinnere Dich daran und es ist so geschehen!

Einen Versuch sollte Dir das schon wert sein. Ich kann Dir versprechen, dass Du Deine Erinnerung ändern und in eine positive Erinnerung mit guten Gedanken verwandeln kannst! Und ich glaube durch eigene Erfahrung daran, dass diese „neue" Erinnerung auch dem Anderen so im Gedächtnis bleibt, wie Du sie gerade „gebaut" hast.

5

Verändern Gedanken den Körper?

Ich weiß schon seit langer Zeit, dass meine Gedanken meinen körperlichen Zustand verändern können! Sogar das Aussehen! Ja, Du hast richtig gelesen. Wirklich verändern! Wenn Du damit anfängst, verändern sich nur die Gedanken, aber die Kombination aus Gedanken, Sport und Ernährung, ermöglicht die Veränderung. Angenommen, Du weißt aus „sicherer Quelle", dass „Pommes" dick machen, dann werden sie Dich dick machen. Weil Du daran glaubst! Wenn Du *weißt,* dass sie nur eine normale „kartoffelige" Beilage sind, machen sie nicht dick! Natürlich sprechen wir hierbei davon, alles in Maßen zu genießen! Wir hören jeden Tag sehr viel über gesunde Ernährung und wie viel ungesundes Essen wir immer vorgesetzt bekommen, dass wir es irgendwann glauben müssen! HALT! Wir müssen gar nichts! Es ist unsere eigene Entscheidung, ob wir das glauben was andere uns sagen, oder ob wir selber herausfinden, was uns gut tut oder nicht.

Ebenfalls angenommen, Du WEISST auch, dass Ananas und Tomaten Fettkiller sind und wenn

Du daran glaubst, dann werden sie helfen, Dein Körperfett abbauen. Dies ist nur eine Information, die Du glauben und für Dich verwenden kannst! Ich für meinen Teil, glaube inzwischen nur noch an das, was mir in den „Kram" passt und was ich für mich, für gut halte! Wie Du es machst, ist alleine Deine Entscheidung! Mal ganz abgesehen von dem Schlankheitswahn der zurzeit aktuell ist. Alle müssen dünn sein; schlank reicht ja schon nicht mehr. Das ist weder besonders schön, noch gesund. Überlege bitte genau, wer will, dass Du dünn bist. Du selbst? Warum? Dein Partner? Warum?

Nein! Es ist das „Gedankengut", das überall verbreitet wird. Dünn sein wird mit Schönheit und Gesundheit gleich gesetzt. Seit Jahren wird uns mit allen Möglichkeiten eingetrichtert, dass wir dünn sein müssen, um attraktiv und gesund sein zu können. Ob das Eine mit dem Anderen überhaupt etwas zu tun hat, bleibt fraglich. Die Natur hat den idealen Weg vorgegeben. Den Mittelweg. Wenn ein Arzt Dir sagt, dass Du zu dick bist, was er sicher höflicher ausdrücken wird, dann solltest Du ihn auch fragen, wieso? Passen Deine Werte nicht die vorgegebenen Tabellen? Möchte er Dir irgendwelche Zusätze verkaufen? Macht er sich wirklich Sorgen um Dich und Deine

Gesundheit? Hat Dein Gewicht mit mangelnder Bewegung zu tun? Vielleicht sogar mit zu viel falscher Ernährung? Dann könnte er Recht haben. Wenn Du Dich aber gesund ernährst und regelmäßig Sport treibst, ist Dein Gewicht wahrscheinlich von der Natur so für Dich vorgesehen. Lass Dich dann nicht von dem Schlankheitswahn anstecken. Wenn Du Dich wohl fühlst und gesund bist, brauchst Du nichts anderes zu tun, als so weiter zu machen. Fällt Dir hierbei aber auf, dass etwas nicht stimmt oder fehlt, wäre eine kleine Veränderung wünschenswert.

Hierbei merkst Du wie Nahrung und sportliche Betätigung und die richtigen Informationen, Deinem Körper gut tun und ihn verändern können. Du weißt es! Du darfst es auch ausnutzen! Natürlich geht solch eine Veränderung nicht von heute auf morgen, aber es geht. Vielleicht willst Du wirklich ein paar Kilos abnehmen? Allein Sport wird da nicht helfen! Du musst wissen, dass das was Du tust, auch wirkt. Die Überzeugung ist die Macht der Gedanken.

Wenn Du nicht daran glaubst, wirkt es nicht. Also richte Deine positiven (*wichtig – positiv!*) Gedanken in die Richtung in die Du gehen willst und Du wirst Erfolg haben! Und das schönste an der Sache ist, später geht es, mit ein wenig Übung, alleine mit Deinen Gedanken. Was nicht heißen soll, dass Du Dich dann mit Müll vollstopfen sollst oder keinen Sport mehr brauchst! Der gesunde Mittelweg in Kombination mit den Gedanken ist der einfachste Weg.

Ich meine die Einfachheit der Gedanken, wenn Du den Trick raus hast. Dann kannst Du auch 3 Wochen Urlaub machen, ohne gleich ein schlechtes Gewissen zu bekommen. Dazu kommt auch die Gewohnheit, die jedem Menschen innewohnt! Du wirst Dich an gesunde Ernährung und Sport und positive Gedanken *gewöhnen* und immer für Dich einsetzen können!

Früher stand in einem Nachschlagewerk zur Erklärung des Wortes Diät, dass es aus dem griechischen kommt und gesund, ausgewogene Ernährung heißt. Heute (!) kann man an gleicher Stelle die Erklärung lesen, dass Diät eine *kalorienreduzierte* Ernährung bedeutet. Also wurde die Bedeutung eines Wortes an die angestrebte Verhaltensweise des Menschen angepasst. Es ging früher nicht, dass man Diät machte sondern man lebte sie! Aber das passt nicht mehr in die Linie, die vorgegeben wird und an die DU glauben sollst.

Dazu gehört noch eine ganz wichtige Information für alle, die tatsächlich etwas an Gewicht verlieren möchten. Es ist sehr einfach, abzunehmen! Du brauchst keinen Ernährungsberater oder Leute, die Dir sagen, was Du wann essen darfst und was nicht! Das weißt Du selber sicher ganz genau. Was Dir gut tut und was nicht!

Sorge in Deinem Leben für eine <u>negative Energiebilanz</u> und Du kannst gar nicht anders als abnehmen! Dieses Stichwort bei Interesse googlen. Möglich, dass ich damit vielen „Beratern" den Job versaue, aber es ist so.

Für eine Veränderung in dem Maß wie ich es hier beschreibe, brauchst Du aber noch sehr viel mehr! Du brauchst die natürliche und innere Ruhe.

Wenn Du den ganzen Tag Ärger und Stress hast, kannst du nicht erwarten, dass Deine Gedanken eine so starke positive Energie erzeugen, um diese Veränderung zu bewirken. Überlege was in Deinem Leben nicht so ist, wie es sein soll. Wer „behindert" Dich? Wer macht Dir das Leben schwerer, als es sein muss? Kannst und willst Du diesen „Zustand" ändern? MACH ES! Nicht nur versuchen, sondern tun. Nur wer sich bewegt kann etwas bewegen.

(Dieser Spruch ist geklaut, aber sehr so gut, dass ich ihn einbauen muss.)

Es gibt für meine Behauptung wissenschaftliche Beweise! Muskeln werden alleine durch intensive Gedanken an spezielle Übungen trainiert. Solche Übungen werden bereits in der Rehabilitation von Patienten mit Schlaganfall eingesetzt und zeigen erstaunliche Wirkung! Es reicht die intensive Vorstellung, eine Übung mit einer Hantel, *im Geist* auszuführen und der beanspruchte Muskel arbeitet und wird stärker! Muskeln vorhanden, benutze sie so oft Du kannst – immer wenn Du gerade daran *denkst!* Die Wartezeit in der Schlange an einer Kasse, kann so super genutzt werden als Trainingseinheit.

Wenn Du möchtest, kannst Du die dementsprechenden Studien im WWW suchen.

Es gibt noch eine schöne Möglichkeit. Du kannst Deinen Körper alleine durch Gedanken verändern. Die feste Wunschvorstellung wie Du aussehen möchtest ist hierfür die Grundvoraussetzung. Selbstverständlich im Rahmen Deiner natürlichen, biologischen Möglichkeiten. Eine realistische Vorstellung! Wenn Du über längere Zeit mit dem Wunschbild Deines Aussehens arbeitest, wird sich das in Realität verwandeln!

Deine Gedanken durchdringen Deinen Körper (Materie) und die feste Vorstellung, wie es sein sollte, wird sich entwickeln. Jede einzelne Zelle kannst Du so verändern. Ich habe mir <u>Quelle 7 *„Der menschliche Körper" Ein Bildatlas Bella Vista Verlag*</u> zur Vorlage genommen. Darin kannst Du genau sehen, wie eine gesunde Zelle oder jedes gesunde Organ aussieht. In meiner Mediationsphase stelle ich mir jede einzelne Zelle genauso gesund und leistungsfähig vor, wie es in diesem Buch abgebildet ist. Bilder vereinfachen die Kraft Deiner Vorstellung und zeigen Dir Dinge, die Du nicht sehen kannst.

Wenn Du Angst hast, dass durch Rauchen Deine Arterien verengt werden, wie Medien es gerne darstellen um Angst zu machen, stell Dir vor Du kannst sie wieder in den Originalzustand versetzen! Groß und stark und das Blut fließt ohne Probleme hindurch. Einfacher wäre es aber, damit aufzuhören. Also entweder Angst oder etwas ändern!

Jeder Arzt wird nun die Hände über dem Kopf zusammen schlagen und sagen, das geht doch nicht! Rauchen ist ungesund! Ich habe allerdings eine Information eines Professors aus einem Krebszentrum, mit dem Schwerpunkt „Lunge". Er hat definitiv gesagt, dass es immer noch keine bewiesenen Fakten gibt, dass alleine Rauchen, die Probleme und Krankheiten tatsächlich verursachen. Vielleicht wird es dadurch unterstützt? Vielleicht? Mir persönlich ist es passiert, dass ein Arzt gefragt hat:"rauchen Sie?" Und das *nachdem* er meine Lunge geröntgt hatte! Menschen sind viel leichter zu manipulieren, wenn sie Angst haben. Angst ist auch ein natürliches Gefühl. Sie soll uns vor Gefahren warnen und schützen. Gemachte Angst ist kontraproduktiv. Lass Dir von niemandem Angst machen. Die Lösung ist relativ einfach: beende das was Dir Angst macht!

Es sterben viele Menschen an Krebsarten, die durch nichts zu erklären sind! Es sterben Menschen an kranken Organen, die ihr Leben lang gesund gelebt haben und immer auf ihre Gesundheit geachtet haben. Auch Nichtraucher sterben an Lungenkrebs. Auch Nichttrinker bekommen Leberzirrhose. WIESO? Für mich ist es nicht erstrebenswert, so alt zu werden, dass ich in einem Heim allein vor mich hin sabbere. Abgeschoben und vergessen. Das Schicksal vieler alter Menschen in unserer Zeit. Ich würde lieber etwas früher, wenn auch ungesund sterben, als später gesund.

Es gibt Gegenden auf unserer Erde, in denen keinerlei Krebs bekannt ist und kein Mensch daran erkrankt! Bleibt auch hier die Frage – **warum?** Weil diese Menschen sich anders ernähren? Weil sie der *Zivilisation* nicht nah genug sind? Weil sie keine Angst haben? Deine Gedanken dazu sind sicher sehr interessant! Vielleicht schreibst Du sie mir?

Das aktuelle Beispiel zum Thema, ist der Nobelpreis für Medizin 2012. Er wurde für Forscher vergeben, die bewiesen haben, dass durch Aktivierung bestimmter Punkte des Genoms einzelne Zellen sozusagen auf „null" zurück geführt werden können. Die Zelle kann also noch mal ganz von vorne anfangen. Ohne die Krankheit, die sie zum Zeitpunkt der Aktivierung hatte. Der Sinn des Ganzen ist in diesem Fall natürlich die Heilung einer Krankheit. Das Problem bisher bleibt die Einschleusung von verschiedenen Viren, die zur Aktivierung benötigt werden. Diese Viren bekommen die Forscher nach Abschluss, *noch* nicht wieder aus den behandelten Zellen heraus und können Nebenwirkungen auslösen. Als Quelle und zum Nachlesen, sieh´ bitte im WWW... nach.

Ich bin mir sicher, dass man Zellen durch Gedanken verändern kann! Ein Gedanke kann viel leichter in eine Zelle eindringen, als ein „Virus". Wenn Du Dir eine angegriffene Zelle vorstellst und sie in Deinen Gedanken „reparierst", so dass sie wieder neu ist, kannst Du kleine Unannehmlichkeiten schnell beenden. Oder die Möglichkeit, die Blutgefäße durch Gedanken „sauber zu machen", damit das Blut besser fließen kann. Ich habe sogar davon gehört, dass man angehende Krebszellen in gesunde Zellen zurück verwandeln kann. Stell Dir vor, es wäre eine dunkle Stelle irgendwo in Deinem Körper und machst sie in Gedanken hell und gesund. Das wäre die ultimative Waffe gegen Krebs. Und völlig ohne Nebenwirkungen, da Gedanken nach der „Behandlung" einfach wieder heraus genommen werden können. Du kannst das jeder Zeit ausprobieren und selber feststellen, ob es funktioniert oder nicht. Wenn es klappt, wie bei mir, solltest Du es aber besser nicht an die große Glocke hängen, sondern Dich einfach darüber freuen, dass Du es kannst. Genieße die Macht der Gedanken!

Für manche Menschen ist das natürlich nicht erstrebenswert, dass Du so etwas kannst. Sie verdienen mit Medikamenten und sonstigen „Therapien" eine Menge Geld! Dein Geld! Die Wirksamkeit ist immer noch umstritten. Meist schaden Therapien mehr, als sie nutzen. Wieso werden zum Beispiel in den USA, Therapien mit Vitaminen und Sport verboten (totgeschwiegen)? Weil diese Therapien so gut helfen und tolle Resultate erzielen! Der Patient braucht keine teure und gefährliche Chemotherapie. *Das geht natürlich nicht!* Eine Heilung ohne die mächtige Pharmaindustrie? Nicht auszudenken! Das würde IHRE Macht extrem einschränken und muss deshalb verboten werden. Es kann Dir aber keiner verbieten, an die Macht der Gedanken zu glauben.

Deine Gedanken durchdringen also nicht nur Wände, sondern auch andere Materie, wie Deinen Körper! Für mich ist die Frage, der Möglichkeit der Veränderung, ebenfalls mit einem JA zu beantworten.

6

Gehören Gedanken und Zahlen zusammen?

Es gibt Menschen, die mit Zahlen mehr anfangen können als andere. Gehörst Du dazu? Wenn ja, könnte dieses Kapitel für Dich besonders interessant werden. Für mich habe ich festgestellt, dass mache Gedanken mit bestimmten Zahlen verknüpft sind. Wenn Du zum Beispiel in eine Stadt fährst und Dir denkst, ich brauche einen Parkplatz – schwupps – siehst Du eine bestimmte Zahl in Deinen Gedanken. Es ist nicht immer die gleiche Zahl, sondern die Zahl, die Dir den Weg zu *Deinem* Parkplatz weisen will. Klingt komisch, ich weiß! Lass es uns erst mal theoretisch ausprobieren.

Du fährst in eine Stadt und möchtest shoppen gehen. Eine mittelgroße Stadt sollte es für die erste Übung sein. Wenn die gewählte Stadt zu klein ist, hast Du nicht genug Möglichkeiten. Wenn sie zu groß ist, musst Du Dich zu sehr auf das Verkehrschaos konzentrieren. Ein Parkplatz in der Nähe der City, mit den vielen tollen Geschäften, wäre dafür von Vorteil. Dann musst Du nach dem Kaufrausch die vielen schweren Tüten, nicht so weit tragen.

Während Du Dich auf den Verkehr konzentrierst, steht plötzlich eine 8 in Deinen Gedanken. Du siehst sie einfach und wunderst Dich noch, warum steht da plötzlich eine 8? Meiner Erfahrung nach heißt die 8, dass Du noch mal eine Runde drehen sollst, um Deinen Parkplatz zu finden. Sie, die 8, sieht doch aus wie eine Doppelschleife. Straßen in fast jeder Stadt haben so eine. Vielleicht ist es aber auch eine 1? Das heißt für mich, bei der nächsten Möglichkeit, nach einer kleineren Straße suchen. Eine kleine Seitenstraße, wie die Abzweigung der „Nase" an der 1 ! Da es die 1 ist, solltest Du wirklich auf eine kleine Abzweigung achten, denn wenn es eine größere Straße sein soll, ist es wahrscheinlich die 7! Die 7 zeigt Dir nicht unbedingt die Richtung, aber dass es ein größere Straße sein kann. Bei einer 5 kannst Du Dir schon selber vorstellen, dass es eine Kombination aus einer Seitenstraße und einer halben Runde sein soll. Die 6 könnte heißen, dass Du umdrehen musst und einen Bogen fahren. Die 9 will Dir vielleicht klarmachen, dass es weiter vorne einen Kreisverkehr gibt und Du die „angezeigte" Ausfahrt nehmen sollst. Es obliegt ganz alleine Deiner Phantasie und Auslegung, welche Zahl in Deinen Gedanken, Dir den Weg weisen. Probiere es aus und lass Dich von den Ergebnissen überraschen! Auch

Zahlen auf einem Stadtplan zu sehen kann hilfreich sein. Wenn Du etwas suchst, nimm die Zahl aus Deinen Gedanken und übertrage sie auf den Stadtplan. Liegt das gesuchte Ziel im Schema der Zahl?

Anfangs ist das vielleicht schwer vorstellbar, aber wenn Du auf diese Weise einmal, genau den Parkplatz gefunden hast, der *auf Dich gewartet hat*, wirst Du sicher intensiver auf die Zahlen in Deinen Gedanken achten. Vor allem, weil Du Dir vorher ja gewünscht hast, den richtigen Parkplatz zu bekommen. Die Realität entsteht dabei durch Deinen Wunsch und Deine Gedanken! Du weißt ja nicht, ob Dein Parkplatz gerade eben frei geworden ist. Derjenige, der vor dort parkte hatte vielleicht gerade das unerklärliche Gefühl, wegfahren zu müssen!

Es gibt aber noch mehr Zahlen, die Dir etwas mitteilen möchten. Du hast in unserem hektischen Dasein, sicher nicht immer die Zeit und Geduld, Dich um alle Freunde und Bekannte so zu kümmern, wie sie es verdient haben? Dein Job ist mit viel Streß verbunden und in Deiner knappen Freizeit, hast Du schon Pläne für mehrere Tage gemacht. Angenommen, jemand denkt ganz intensiv an Dich und wünscht sich, Du würdest Dich mal wieder melden. Derjenige will Dich vielleicht nicht stören, in dem er Dich anruft? Ja, so rücksichtsvolle Menschen gibt es! Oder wenn er Zeit dafür hätte, ist es schon viel zu spät für einen Anruf.

Kann es sein, dass Du eine bestimmte Zahl in Gedanken vor Dir siehst? Vielleicht ist es der Geburtstag der Person, die Dich zu erreichen versucht? Vielleicht ist es ein Teil der Vorwahl, oder der Telefonnummer? Erinnerst Du Dich an eines der vorangegangen Kapitel? Das Klingeln im Kopf? In diesem Abschnitt ging es darum, dass Du jemanden gerne hören wolltest. Du hast intensiv an jemanden gedacht, der sich melden sollte.

Hier geht es darum, dass ein anderer Dich gern „hören" möchte. Achte verstärkt auf alle Gedanken, Idee und Zahlen, und Du wirst mehr als eine Überraschung erleben! Wenn Du die Zahl richtig gedeutet hast und denjenigen anrufst, kann es sein, dass er Dir sagt: „ ich habe die ganze Zeit an Dich gedacht!"!

Dabei ist es besonders wichtig, dass Du auf Zahlen achtest, die Dir so ganz plötzlich in den Sinn kommen. Manchmal siehst Du vielleicht auch eine Zahl, die Dir ins Auge fällt und somit Deine Gedanken beschäftigt. Zahlen sind immer und überall! Sie möchten Dir etwas sagen! Wenn Du es zulässt, haben Zahlen viel zu erzählen.

Zahlen stehen in unserer Welt auch noch für viel mehr, als einen Parkplatz zu finden oder Telefonnummern zu erkennen. Viele Menschen glauben an die Macht der „Geburtszahl" oder haben ihr Geburtsdatum auf dem Autokennzeichen. Sie identifizieren sich mit diesen Zahlen. Und das ist auch gut so. Die Zahl Deines Geburtstags kann eine Menge über Dich aussagen. Auch wenn Du nicht daran glaubst. Wir im „Westen" haben die Sternzeichen im Monatsrhythmus. Im Land der aufgehenden Sonne haben die Menschen keine Monate, sondern Jahre gewählt. Einen Sonnenzyklus. Wenn Du nun wie ich, als ein „Affe" geboren bist, nimmst Du das Leben vielleicht nicht allzu ernst. Ich möchte keine Verallgemeinerungen schaffen, das tun die anderen schon zur Genüge. Hast Du Dich schon mal mit Deinem chinesischen Sternzeichen genauer befasst? Gibt es da Parallelen zu Deinem Charakter? Also bei mir schon. Dies ist als Ausrede sehr gut zu benutzen. Wenn Dir jemand sagt, warum bist Du so oder so? Dann kannst Du das auf Dein Sternzeichen schieben! Gelegentlich sehr praktisch!

Die Liste der Zeichen und der dazu gehörenden Geburtsjahre sind im Internet leicht zu finden.

Ich benutze diese „Ausrede" gelegentlich, wenn jemand mein Temperament „beanstandet"; es sozusagen mit mir durch geht. „Das ist völlig normal für einen Affen", sage ich demjenigen dann. Fast jeder Mensch benimmt sich irgendwann so, dass die Umwelt kritisch darauf reagiert. Du bist also nicht der einzige Mensch mit „Macken"! Ein falsches Wort zur falschen Zeit und schon stehst Du mit beiden Füßen im „Fettnäpfchen". Eine solche Gelegenheit ist die perfekte Chance, Dein Sternzeichen als „Ausrede" zu nutzen.

Du kannst Dich aber auch mit Deinem Zeichen identifizieren. Die ursprüngliche Einteilung der Jahre in Tiere, ist nicht nur aus Spaß entstanden. Da hat jemand sehr lange und intensiv die Sterne beobachtet und sich Gedanken dazu gemacht. Die Konstellation der Sterne gibt die Vorlage dafür. Deshalb glaube ich auch mehr an die jährliche Einteilung, da sich die Sternenkonstellation im Laufe seit ihrer Entstehung, stark verändert hat. Das Universum dehnt sich immer noch aus. Die jeweiligen Charaktereigenschaften der Tiere können durch den Geburtstag zu dem Menschen passen. Die Ähnlichkeit eines Affen mit mir ist immens! Ganz wichtig ist hierbei, dass kein Tier wirklich negative Eigenschaften hat. Nur positive oder neutrale. Eine interessante Ansicht! Wenn Du „Dein Tier" mit Deinen Eigenschaften vergleichst, könnten sich witzige Parallelen herausstellen. Die Kombination unserer westlichen Sternzeichen mit den chinesischen und Deiner Geburtszahl sollten der Ausgangspunkt Deiner „Ermittlungen" sein. Nur das Ganze kann Dir alles zeigen.

Noch eine kleine Abschlussbemerkung. In China wurde früher kein wichtiger Termin getätigt, ohne vor her das Horoskop zu befragen. Wäre der Tag nicht geeignet für das Sternzeichen, musste ein anderer Tag gefunden werden. Aber bitte nicht mit den blöden Horoskopen in irgendeiner blöden Tageszeitung vergleichen. Das ist nur ein lächerliche Art, Seiten zu füllen. Verallgemeinerung und echter Blödsinn!

7

Erschaffen Gedanken Realität?

Zu diesem Punkt muss ich gleich vorweg sagen, dass dies nicht allein meine Idee ist! Andere haben *es* schon herausgefunden, ausprobiert und praktizieren es! Zu diesem Thema haben viele Menschen, wirklich gute Bücher geschrieben, aber nicht alle kann ich hier als Quelle angeben. Du weißt ja warum! (Zensur!) Die wirklich guten Bücher, sind meine *Helfer* bei meinen Überlegungen gewesen. Sie haben mich dazu gebracht *es* auszuprobieren und *es* funktioniert ganz hervorragend. Wenn Du bisher nicht die Gelegenheit hattest, meine Helfer selber zu finden, sondern nur dieses Buch hast, können sie Dir sicher im Nachhinein dienlich sein. Es ist schön zu sehen, dass ich nicht der einzige „Spinner" bin!

Nun aber zum Thema!

Meine Freunde können Dir jederzeit bestätigen, dass *es* bei mir funktioniert und Du kannst *es* auch. Eine ganz neue Quelle bearbeitet genau dieses Thema und stellt es nicht in Frage wie ich. *Er hat mehr Erfahrung!*

Zur Frage und Aufklärung:

In einem Buch, welches mich zum „Nachdenken" angeregt hat, geht es mehr um den medizinischen und moralischen Faktor. Dieses Buch hat den großen Vorteil, dass die Autorin darin bewiesene Theorien aus der Neuroplastizität anführt! Quelle 3 Ist ausgesprochen schwierig, zu verbergen. Unwiderlegbare Beweise für eine Veränderung im Gehirn, alleine durch Konzentration und willentlicher Veränderung der Gedanken und Gewohnheiten. Es ist Dir also möglich, Deine Welt so zu verändern, dass sie so wird, wie Du sie haben willst. Denn die Welt ist das, was wir von ihr halten, im Guten wie im Schlechten. Den Satz habe ich geklaut! Aber ich finde ihn unheimlich passend. Allein die Vorstellung, Materie, in diesem Fall, Nervenverbindungen im Gehirn, nur durch Willenskraft und Gedanken verändern zu können, ist am Anfang vielleicht unheimlich.

Bei Quelle 1 geht es nicht nur um unser Universum und Licht, sondern auch darum, dass im ganz *Kleinen* (der Quantenphysik) mehr Dinge möglich sind, als Du es Dir jemals vorstellen könntest. Meine absolute

Leseempfehlung! *Halt! Erst wenn Du mit meinem Buch fertig bist!*

Ich weiß seit langem, dass Gedanken jederzeit real werden können. Manchmal musst Du vielleicht etwas *nachhelfen*, in dem Du Deine Gedanken laut aussprichst. Bei mir ist das bei ganz wichtigen „Wünschen" der Fall! Anfangs ist sehr schwierig, sich ausschließlich auf diesen einen Gedanken zu konzentrieren, den Du real werden lassen möchtest! Dazu gehören nicht nur viel Übung, sondern auch etwas Zeit und die Ruhe. Aber es lohnt sich, dass Du Dir dafür die Zeit nimmst. Die Ergebnisse können sensationell sein. Als Beispiel kann ich leider nur mich anführen, aber ich habe sensationelle Ergebnisse erzielt. Manchmal reicht es, wenn man einen Gedanken in einen Wunsch packt, manchmal nicht. Bei mir ist es wichtig, den Gedanken, den ich real werden lasse möchte, entweder mit einem/r Freund/in zu besprechen, oder ihn aufzuschreiben. Es ist fast so, als ob Gedanken, die an die Luft kommen(z.B. durch ein Gespräch) sich von alleine in Realität verwandeln. Ich habe es schon so oft erlebt, dass ich wirklich aufpassen muss, was ich *„an die Luft setze"*! Es können auch Gedanken dabei sein, die nicht so positiv sind und sich dadurch realisieren, in dem ich sie ausspreche. Es gibt dazu diesen hübschen Spruch. „Achte auf Deine Wünsche, sie könnten Dir erfüllt werden!" Genauso muss es in meinem Fall heiße: „Achte darauf, was Du aussprichst, es könnte Realität werden"! Der ausgesprochene Wunsch wird real!

Genau diesen Spruch möchte ich Dir besonders ans Herz legen! Dieser Abschnitt gehört in ein späteres Kapitel, aber ich möchte es trotzdem jetzt kurz erwähnen! (Gedankenhygiene)

Wir können zeitgleich ein kleines Experiment machen. Du nimmst Dir einen Gedanken oder eine Gelegenheit, den/ die Du gerne in Erfüllung gehen lassen möchtest! Keinen großen „Wunsch"! Soll ja nur zum Üben sein. Versuche in der Zeit, die Du brauchst, dies Buch zu lesen, diesen Gedanken, in Wirklichkeit umzuwandeln. Ob Du ihn nun aufschreibst oder laut aussprichst oder auch mit einem Freund besprichst. Manchmal funktioniert es aber auch dann erst, wenn Du schon aufgegeben hast. Wenn Du Dir sagst – das klappt ja sowieso nicht!

Viel Spaß dabei!

Gehen wir nun wieder zum Thema zurück. In der Quantenphysik ist eine bewiesene

Tatsache, dass Gedanken, Realität werden. Ebenso wie es im Allerkleinsten möglich ist, dass 1 Teilchen gleichzeitig an 2 Orten ist. Das Doppel – Spalt – Experiment kann Dich darüber informieren. Es ist im meiner „*Leseempfehlung*" ausführlich beschrieben, sodass Du diesmal nicht auf *Google* zurück greifen musst.

Ich möchte hier allerdings meine Erfahrung aufschreiben. Wann genau ich bemerkt habe, dass es funktioniert, Realität entstehen zu lassen, kann ich Dir leider nicht sagen. Aber ich kann es schon einige Jahre. Anfangs wollte ich nur mein Äußeres verändern. Das möchte wohl fast jede Frau, auch wenn es überhaupt nicht nötig wäre! Wenn man nicht gerade superreich und/oder total bescheuert ist, kann man seine Wünsche & Vorstellungen, auch an einen Chirurgen übergeben. Vielleicht bekommt dieser die Wunschvorstellung hin. Hierbei muss ich aber auch sagen, dass bei manchen „Schönheitsproblemen" nur eine OP helfen kann. Dann lieber dieses Risiko eingehen, bevor man wegen seines Aussehens Depressionen bekommt.

Da ich weder das Eine noch das Andere bin, musste ich es anders versuchen. Mein Sport half mir anfangs. Aber es gab Dinge, die ich mit

Sport nicht so hin bekam, wie ich es haben wollte. Also habe ich mir jeden Tag die Zeit genommen, mir ganz genau vorzustellen, wie ich gerne aussehen würde. Und dieses Bild in meiner Vorstellung, habe ich dann mit in meine Träume genommen. Wenn Du Dich zur Ruhe begibst, schließe die Augen und sehe das Bild vor Dir. Du weißt genau, dass Du so aussiehst, wie Du es in Gedanken vor Dir hast. Durch diese Fixierung ändert sich nach und nach Dein Aussehen. Es wird Realität! Nimm Dir bitte Zeit dafür, denn es geht nicht von heute auf morgen.

Bei mir hat es einige Jahre gedauert, aber dann sprach mich eine Bekannte an. Ob ich „was hätte machen lassen?" Sie meinte eine Schönheitsoperation. Dies konnte ich guten Gewissens, verneinen. Aber die Veränderung war nicht mehr zu übersehen.

Selber hatte ich die Veränderung zwar bemerkt, aber nicht so stark. Es ist mehr ein schleichender Prozeß.

Zu dieser Zeit war das für mich absolut faszinierend. Dass sich nicht nur die Realität geändert hatte, sondern meine Umwelt dies auch wirklich sehen konnte! Inzwischen bin ich mit dem Ergebnis zufrieden und widme mich lieber der Gesunderhaltung meines Körpers mit den dementsprechenden Gedanken. *Oder habe ich mich mit meinem Aussehen inzwischen abgefunden?* Nein, es hat sich wirklich verändert und das liegt nicht daran, dass ich älter geworden bin.

Zeitgleich habe ich verschiedene andere „Kleinigkeiten" ausprobiert, die auch in diversen „Wunsch – Erfüllungsbüchern" beschrieben werden. Als Quelle kann ich Dir hier *„Erfolgreich wünschen"* von Pierre Franckh und *„Das Geheimnis der Wunscherfüllung"* von Brigitte Haman, nennen Quelle 4 + 5.

Es gibt noch eine weitere Quelle, die ich aber aus bekannten Günden, hier nicht nennen darf. Sorry!

Zu meinen „Möglichkeiten" gehört es, Ampeln grün zu machen. Freie Fahrt, wann immer ich es brauche! Dies kann ich inzwischen so gut, dass ich bei meinem letzten Autokauf, den Verkäufer sogar gefragt habe, ob dieser Knopf, für die „Grün-Schalt-Automatik" sei. Sollte ein Scherz sein, aber er hat mich dabei so fragend geschaut, dass ich laut lachen musste! Ich hatte bisher in allen Autos diese „Automatik eingebaut". Sehen wirst Du sie nur in Deinen Gedanken.

Damit kannst Du Dir vorstellen, wie lange ich es schon „kann"! Dieses „Können" musste, sogar meine Mutter feststellen. Wir hatten einen Ausflug gemacht und uns dabei völlig verfahren. Meine „Grün-schalt-Automatik" funktionierte so hervorragend, dass wir keine Gelegenheit hatten anzuhalten um nach dem Weg zu fragen. Erst als ich den Wunsch, ich bräuchte jetzt eine rote Ampel, laut äußerte, wurde es so lange rot, dass wir einen Passanten nach dem Weg fragen konnten. Es war nicht ganz so lustig, wie es jetzt hier vielleicht klingt. Meine Mutter ist eine aufmerksame Beobachterin und eine schlechte Beifahrerin! Und sie hatte den Mut, mich zu fragen, warum ich ständig mit der Hand „da rum wische"! Zur *Durchführung meiner Gedanken*, brauche ich nämlich ein Handzeichen. Ich „wische" mit der linken Hand das Rotlicht einfach weg, sodass es grün werden kann. Es hilft aber auch, wenn ich es laut sage. Das geht natürlich nicht, wenn jemand nebenan sitzt.

Immer noch faszinierend, ist dabei, dass es ohne dieses Handzeichen auch geht, aber lange nicht so gut! Einem Mitfahrer im Auto führe ich dies nur vor, wenn ich absolutes Vertrauen in ihn habe. Es geht auch, wenn ich der Beifahrer bin. Der Fahrer wundert sich gelegentlich, wenn er/sie meine Zeichen nicht bemerkt! Zudem es gibt noch eine praktische „Nebenwirkung"! Wenn „meine" Ampeln nicht auf der grünen Welle sind, muss ich überlegen, ob ich etwas vergessen habe. Dann kann ich gleich umdrehen und es funktioniert wieder! Leider vergesse ich gelegentlich, dass ich auf die Ampeln achten muss und merke erst zuhause, dass ich meinen Schlüssel liegen gelassen habe. Manchmal gibt es wichtigere Dinge zu überlegen und die Fahrt dauert dann so lange, wie sie dauert!

Wenn es bei Dir nicht auf Anhieb klappen sollte, kann es auch daran liegen, dass Du *nicht zu einem bestimmten Zeitpunkt an einem bestimmten Ort sein sollst. Hadere bitte nicht mit den Ampeln, es gibt gelegentlich wichtigeres als „grüne Welle" zu haben! Das gibt Dir Zeit zum Nachdenken oder Träumen!*

Eine andere Möglichkeit, meine Gedanken in Realität zu verwandeln, habe ich von meinem besten Freund gelernt. Ich besuchte ihn zuhause und wir hatten *„einen über den Durst getrunken"!* Wir hatten aber einen sehr guten Grund dafür!

Bei solchen Gelegenheiten kann man noch einfacher und leichter über Dinge sprechen, die sonst vielleicht lächerlich klingen, denn dann klingt alles lächerlich. Die Erinnerung an so einen Abend könnte schwer fallen. Mir wird dieser Abend immer in Erinnerung bleiben wegen der faszinierenden Dinge die geschehen sind.

Wir sprachen, auf dem Balkon sitzend davon, die Wolken „wegzumachen". Es herrschte gerade eine ganz seltsame Gewitterstimmung, aber wir hätten dringend Sonne gebraucht. Der Grund unseres Treffens war alles andere als angenehm, traurig um genau zu sein. *Und so lösten wir gemeinsam Wolken auf.* Mein Freund sagte mir damals, er könne das auch schon länger und würde es gelegentlich auch praktizieren, wenn seine Stimmung keine Wolken vertragen würde. Diese Einstellung fand und finde ich sehr gut. Du musst das Wetter nicht ständig ändern! Die Natur hat das schon richtig eingerichtet! Aber vielleicht einmal! Zum Üben! Oder andersrum, Wolken aufbauen. Wenn Du keine Lust hast den Garten zu gießen! Wolken „her wünschen" ist allerdings schwieriger! Die Durchführung des Auflösens ist einfach. Du siehst die Wolke trotz geschlossener Augen und lässt sie immer heller werden, bis sie sich aufgelöst hat. Der blaue Himmel kommt zu Vorschein und die Sonne lacht Dich an. Zum „Wolkenaufbau" gehst Du mit Deinen Gedanken der Weg anders rum.

Lass es mich wissen, wie es bei Dir funktioniert! Und zur Information noch, das Gewitter kam später zurück und war heftig! Als ob es durch die „Verzögerung" mehr Energie bekommen hätte.

Nun möchte ich aber von der „praktischen" Seite auf die wirklich wichtige, und gleichzeitig, auch schwierigere, Seite wechseln. Du kannst mit Deinen Gedanken auch Deine Realität ändern, sie sozusagen an Deine Wunschvorstellung des Lebens anpassen. Bitte, nicht gleich Wunder erwarten – auch wenn so etwas möglich ist. Ich arbeite seit vielen Jahren - jeden Tag - daran, mein Leben in mein Wunschleben zu verwandeln. Das geht mit viel harter Arbeit und Fleiß. Aber nur mit der *Kombination aus Arbeit und gedanklicher Freiheit* kannst Du es wirklich schaffen. Ich stelle jeden Tag wieder fest, dass mein Leben zu dem wird, was ich von ihm erwarte! So etwas dann auch zu erkennen, gehört zum Pflichtprogramm!

Bei dieser Übung ist es wichtig, dass Du zuerst alle alten Gedankenmuster und Vorgaben aus

Deinem alten Leben beiseitelegst! Es kann sein, dass Du sonst in gedankliche *Durchführungsschwierigkeiten* kommst, weil Dein Wunschleben vielleicht nicht dem entspricht, was Dir Deine Eltern beigebracht haben! Oder die Gesellschaft in der Du Dich zurzeit befindest, akzeptiert so ein Leben nicht. Die meisten Menschen leben ihr Leben *„halt so vor sich hin"*. Ohne zu wissen, dass es anders und damit vielleicht besser und einfacher sein könnte. Es ist nicht meine Hauptaufgabe, Menschen darauf hinzuweisen, dass es besser gehen könnte, aber wer dieses kleine Buch liest, bekommt vielleicht Lust darauf es zu probieren. Du hast Dich schon dazu entschieden, also los!

Welches Leben würdest Du gerne leben? Welche Person in Deinem Umfeld, findest Du so richtig TOLL? Wen beneidest Du, um das Leben, dass diese Person führt? Welche Eigenschaften hat dieser „besondere" Mensch, um die Du ihn beneidest? Im Leben gibt es nichts was der Mensch nicht lernen kann! Du musst es nur wollen!

Nun schau Dir an, was diese Person die Du „beneidest" dafür tut, dass sie ihr Leben so leben zu kann. Vielleicht wirst Du feststellen, dass dieser Mensch mehr Geld hat als Du? Lass uns das als erstes Beispiel nehmen.

Dass sie aber auch sehr hart dafür arbeitet und wenig Freizeit und Freiheit hat. Siehst Du es? Was nützt viel Geld, wenn Du keine Zeit für das Leben hast? Manager, die mehr als 6 Tage pro Woche arbeiten, aber ihre Kinder nicht kennen. Das kann doch nicht erstrebenswert sein. Da heißt es dann oft, dass später alles „nachgeholt" wird. Wenn es aber kein „später" mehr gibt? Die Option reich zu sein durch sehr viel Arbeit, ist also nicht die Beste.

Ist es das, was Du willst?

An dieser Stelle muss ich noch mal auf einen Bereich kommen, der nicht so angenehm ist. Wenn es Dein erklärtes Ziel ist, reich sein zu wollen und Du alles tust, um es zu werden, musst Du aufpassen keinem anderen Menschen Schaden zu zufügen. Es gibt mehr als genug Menschen, die andere um ihr Geld betrügen um es auf ihrem eigenen Konto zu haben. *Das ist falsch! Und irgendwann wird etwas das falsch ist, auf Dich zurück fallen.* Sei es der totale Ruin oder eine gesundheitliche „Rache" des Schicksals. Ich weiß nicht, was schlimmer ist, aber ich tendiere zu dem gesundheitlichen Problem. Wobei es keinesfalls heißt, dass jeder Mensch der eine Krankheit hat, anderen

Menschen Schaden zugefügt hat. Diesen Rückschluss lassen wir bitte gar nicht in unsere Gedanken! Eine Krankheit kann auch ein Weg sein, das Leben zu erkennen.

Du kannst also nicht nur mit den richtigen Voraussetzungen (von Beruf Sohn) reich werden, sondern auch mit harter Arbeit. Wie schon gesagt, ist es aber einfacher zum Beispiel im Lotto zu gewinnen. Viel Geld ohne Arbeit. Jetzt denkst du vielleicht, oh wie schön? Aber! Es gibt sehr wenig Menschen, die durch einen Geldgewinn auch im Leben gewonnen haben. Plötzlich hättest Du sehr viele Freunde. Freunden hilft man, oder? Aber Geld und Freundschaft passen nicht zusammen! Wenn die „Kohle" weg ist, sind die „Freunde" es auch. Also auch keine Option. Vielleicht hilft die Vorstellung in Deinen Gedanken, dass Du schon reich bist um sie Realität werden zu lassen. Ein Versuch kann nicht schaden. Oder Du setzt Deine Prioritäten einfach anders.

Der durchschnittliche Mensch ist eher bequem. Eine Laune der Natur! Deshalb musst Du Dich fragen, wie viel Energie Du in das Leben investieren möchtest, das Du Dir wünschst. Bist Du ein durchschnittlicher Mensch? Wohl

eher nicht! *Sonst würdest Du keine Energie zum Lesen verschwenden.*

Ein anderer Aspekt, der wünschenswert sein kann, ist berühmt zu sein.

Ein berühmter Musiker oder Schauspieler zu sein, hat natürlich seine Vorteile. Freier Eintritt in Deiner „Lieblings Diskothek", oder Einladungen zu jedem Event? Dafür musst Du meistens gut aussehen und topfit sein. Sollte Dich mal eine Kamera ungeschminkt oder schlecht angezogen erwischen? Das füllt die Klatschspalten!

Morgens sehr früh aufstehen und Dein Fitnessprogramm durchziehen! Vor allem wenn Du eine Frau bist. Ständig darauf achten was Du isst, damit Du bloß nicht zunimmst und fett wirst. *Ok, es gibt auch Ausnahmen, aber die bestätigten ja nur die Regel, wie Du weißt!*

An dieser Stelle möchte ich erwähnen, dass es für viele Menschen, die Du für *„ach so toll"* hältst, gar nicht anders möglich ist, ihr Leben so zu leben. Leider haben die wenigsten von uns die Gelegenheit persönlich zu erfragen, ob das so ist. Wenn Du so einen Gelegenheit bekommst, probiere es aus!

Als Kinder bekommen es viele schon vorgelebt und werden von Anfang an so erzogen. Sie haben als „Promi" nicht die Möglichkeit es dahin gehend zu ändern. Vielleicht würden gerade diese Menschen gerne ein ganz anderes Leben „leben"? Vielleicht sogar DEINES! Stell Dir an dieser Stelle ein Kind vor, das von Geburt an im Rampenlicht steht, weil die Eltern große Stars sind. Er oder sie kennen es nicht anders. Und wenn sich so ein Kind nun keine Gedanken macht, ob es etwas anderes will, wird es sicher nicht die Gelegenheit bekommen etwas zu ändern. So ändern wie Du es kannst!

Nehmen wir als Beispiel berühmter Menschen, einen Musiker? Der wurde vielleicht zu dem gemacht, was er ist, nicht unbedingt weil er es selber wollte. Wir wollen aber hier nicht negativ denken! Schließlich geht es um eine *positive Veränderung in Deinem Leben.* Zu den Einzelheiten und zur Durchführung - jetzt!

Wir gehen nun davon aus, dass Du hast Dir ausgesucht, wie Du Dein Leben gerne haben möchtest. Diese Art der Gedankengestaltung kannst Du in mehreren Büchern zum Thema „Wunscherfüllung" finden. Alleine die Vorstellung und es sich *„einzureden"* hilft aber nicht. Je nachdem wie groß der Unterschied zu Deinem bisherigen Leben ist. Wir beide machen es also etwas anders. Du suchst Dir das Leben aus, welches Du führen möchtest und machst dann eine Liste, was sich ändern soll. Zuerst machst Du Dir ausführliche Gedanken und dann bitte diese Gedanken aufschreiben. Geschriebenes lässt sich später leichter für Dich nachvollziehen. Es kann ruhig eine längere Liste sein, je nachdem wie viel Du in Deinem Leben ändern möchtest! Und diese Liste fängst Du nun an „abzuarbeiten". Schön der Reihe nach! Fang mit kleinen Dingen an! Morgens ohne Wecker aufwachen zu können, war für mich ein zum Beispiel ein ganz wichtiges Ziel.

Wie soll man das schaffen, wenn man einen „normalen" Job machen muss? Dein Chef erwartet, dass Du pünktlich an Deinem Arbeitsplatz erscheinst! Möglichst ausgeruht und „ansehbar"! So einen Job hatte ich früher auch. Gepaart mit einem netten Spruch meines Chefs, regelmäßig einmal in der Woche: *„Warum können Sie morgens nicht mal so gut aussehen wie abends?"* Meine Antwort darauf war, dass ich erst abends richtig war werde.

Eine Möglichkeit wäre, Du stellst Deinen *inneren Wecker* auf die Zeit, wenn Du aufstehen musst! Dazu gehört natürlich zu wissen, wie viel Schlaf Du brauchst. Das lässt sich recht einfach herausfinden, z. Bsp. im Urlaub! Geh ins Bett wenn Du müde bist und schlaf so lange, dass Du von alleine wach wirst. Sage Deinem Unterbewusstsein, aber vor dem Einschlafen genau die Uhrzeit, zu der Du wach werden möchtest! Wenn Dir dann nur Minuten zur richtigen Zeit fehlen, hast Du Deinen inneren Wecker fast richtig eingestellt!

Die ersten Tage im Urlaub sind allerdings zum Erholen vom Alltagsstress! Da brauchst Du wahrscheinlich sowieso mehr Schlaf! Aber dann kannst Du mit Deinem „Training" beginnen. Ganz wichtig ist dabei, dass Du Dich nicht unnötig wach hältst. Geh schlafen wenn Du müde bist, sonst kann sich der natürliche Rhythmus nicht einstellen.

Eine andere Möglichkeit ist, Dir einen Job / eine Arbeit auszusuchen, bei der Du Deine Arbeitszeiten für Dich frei wählen kannst. Ob das nun eine selbstständige Tätigkeit ist, oder Dein Chef flexibel genug, ist hierbei nicht so wichtig. Wichtig ist nur, dass es zu Dir passt!

Es ist sehr wichtig, dass Du die Veränderungen, die Du vorgenommen hast, auch erkennst. Wenn es anfangs auch nur Kleinigkeiten sind, Hauptsache Du stellst es fest. Zum Beispiel, dass der Nachbar Dich nicht mehr so „komisch" anschaut, wenn Du ihm begegnest. Oder die Verkäuferin im Supermarkt, die Dich plötzlich freundlich grüßt, statt Dich wie bisher zu ignorieren. Genauso wichtig ist der Blick in den Spiegel, wenn Du Dein Äußeres verändern möchtest. Ist da schon etwas anderes zu sehen als vorher? Je nachdem, was auf Deiner Liste steht.

Die Kleinigkeiten machen viel aus. Und ich verspreche Dir, dass Du zufriedener wirst, wenn Du Dein Leben selber verändern kannst. Es wird nicht mehr von „anderen" bestimmt! Du bestimmst wie Dein Leben sein soll! Da wir aber in einer Gesellschaft leben und nicht alleine auf einer Insel (schade!) musst Du auch die Menschen in Deiner Umgebung in Dein Leben einbeziehen. Du kannst sortieren, ob der Mensch in Deinen Lebensplan passt und Dir gut tut, oder nicht. Wenn nicht, streiche ihn. Geh ihm aus dem Weg. Ein Mensch, der Dir nicht gut tut, hat in Deinem Leben keinen Platz! Das klingt hart, aber auf Dich nimmt auch nicht jeder Rücksicht. Für die Menschen, die Dir aber gut tun und Dir helfen, Dein Leben so zu gestalten wie Du es möchtest, nimm Dir Zeit! Arbeite alle Punkte auf Deiner Liste ab, bis es das Leben ist wie Du es haben willst.

Zudem nutzt es überhaupt nichts, wenn Du Dir Vorstellungen über ein Leben machst, welches

Du gerne führen möchtest und gleichzeitig nicht bereit bist dafür etwas zu tun. Wie vorher schon bemerkt, ist zu viel Arbeit ohne Lebensqualität falsch. Ganz ohne Arbeit wird es aber auch nicht gehen. Der Mittelweg wäre eine tolle Lösung!

Dein Traumjob wartet vielleicht in einer anderen Stadt auf Dich und Du hast Angst davor etwas zu verändern. Ein Umzug in eine neue Stadt muss Dich nicht ängstigen. Es ist nur etwas Neues! Du kannst nicht erwarten, dass Dir alles von alleine zufällt, wenn Du dem Neuen nicht entgegen gehst. Kein Fortschritt ohne Bewegung! Stillstand im Leben ist ähnlich wie ein Schaf in der Herde. Da bewegst Du Dich nur, wenn Dich jemand anschuppst.

Damit meine ich besonders einige Menschen in meinem Umfeld. Sie haben Wünsche und Vorstellungen, was sie alles haben möchten, sind aber noch nicht mal ansatzweise bereit, etwas dafür zu tun oder in ihrem Leben zu verändern! Die Wünsche werden in solchen Fällen immer Wünsche bleiben. Keine Realität wird! Ich kann mir sicher sein, dass ich mit dieser Aussage keinem auf die Füße trete, da diese Menschen, mein Buch sicherlich nicht lesen werden. Es könnte sich ja etwas verändern!

Noch mal kurz zu Deiner Liste der Veränderungen zurück. Wenn Du es geschafft hast, Dinge und Umstände zu ändern und das auch festgestellt hast. Schau´ Dir die Liste noch mal genau an. Stehen da Dinge drauf, die inzwischen so sind wie Du es wolltest? Dann streiche sie von Deiner Liste! Stehen andere darauf, die Du wegen der eingetretenen Veränderungen nicht mehr anders haben möchtest? Streich sie durch! Passe Deine Gedanken und die Liste an die geänderte Situation an!

Es ist völlig egal, was Du in Deinem Leben ändern möchtest, wenn es „geändert" zu Dir passt, wirst Du es bekommen. Wenn es nicht zu Dir passt, musst Du an Deinen Wünschen eine Veränderung vornehmen. Ein Beispiel von mir – Deine habe ich nicht! Eine Veränderung meines Lebens, die ich akzeptieren musste.

Ich bin in einer Gegend geboren und aufgewachsen, in der viele Menschen Urlaub machen! Es ist wunderschön und man kann dort gut leben. Trotzdem lebe ich inzwischen in einer völlig anderen Gegend. Warum ich hier bin, weiß ich nicht genau. Ich kann es trotz mehrerer Versuche nicht ändern. Jedes Mal bringt mich etwas wieder in diese Gegend zurück! Ich akzeptiere die Entscheidung des

„Schicksals"! Und erstaunlicher Weise lebe ich inzwischen genau das Leben, welches ich immer leben wollte! Also kann ich mit der „Umgebung" auch leben. Darum noch mal meine Bitte, wenn sich etwas ändert so wie Du es haben willst, ok! Wenn es nicht funktioniert, muss es nicht daran liegen, dass Deine Macht nicht groß genug ist. Es kann sein, dass Du es vielleicht ändern willst, aber für Dich wäre es diese Veränderung nicht passend! Beachte auch Dein *gegebenes* Schicksal und dass „jemand" auf Dich aufpasst! Vielleicht lässt Dich Dein Schicksal auch eine Veränderung ausprobieren und Du stellst danach fest, dass diese Veränderung doch nicht so passt, wie Du es Dir „ausgedacht" hast. Das lässt sich wieder ändern! Eingestehen musst Du es Dir selber! Es ist kein Fehler, sondern ein Lernprozess, der Dich Dein ganzes Leben begleiten wird.

8

Gedankenkontrolle

Für den letzten Abschnitt habe ich mir ein sehr wichtiges Thema aufgehoben. Es ist tatsächlich sehr wichtig! Und viele dazu bringen, zu sagen „ach, das kann doch gar nicht sein!" Leider doch! Hast Du Dir schon mal überlegt was nur ein einziger ausgesprochener Satz, für Unheil anrichten kann? Nein? Dann empfehle ich Dir

Quelle 9!

Dabei geht es vorrangig um Rhetorik. Wir arbeiten aber mit Gedanken. Diese Kombination aus falschen Worten, die „an die Luft gesetzt" werden und den Gedanken, die dadurch bei Menschen entstehen, kann sehr weitreichende Folgen haben. Du kannst fast jeden Menschen so manipulieren, dass er anfängt sich Gedanken zu machen. Ohne gehörte, böse Worte, wäre das nicht möglich. Und diese Gedanken vergiften damit seine und Deine Umwelt. Leider sind es nicht nur rhetorisch geschulte Menschen, sondern auch diejenigen die nicht über das nachdenken, was sie *zu* anderen und *über* andere Menschen sagen. Noch schlimmer finde ich persönlich diejenigen, die mit Worten andere Menschen aufhetzen. Wenn Du in Nachrichten siehst wie Kinder die Landesfahne eines fremden Landes verbrennen. Was denkst Du bei diesen Bildern? So etwas tun diese Kinder sicher nicht, weil sie es wollen. Nein, die Erwachsenen haben ihnen gesagt und vorgemacht, dass die Menschen in dem anderen Land schlecht sind. Ob das der Wirklichkeit entspricht wissen sie nicht! Sie übernehmen diese „Wertung" ohne wirklich eigene Gedanken zu haben. Laut geschriene Parolen brennen sich in die Köpfe! Da ist kein Platz für Gedanken! Wieso nehmen sich manche Menschen das Recht, Kinder so zu beeinflussen, dass diese nicht selber entscheiden können, was sie von ihrer Welt halten sollen?

Das wichtige in unserem Bereich ist:

Die Kontrolle der Gedanken.

Gehen wir zuerst gemeinsam auf unseren eigenen Bereich ein. Es ist unerlässlich, dass Du Deine Gedanken gut unter Kontrolle hast. Wie Du inzwischen gelesen und vielleicht durch Selbstversuche festgestellt hast, ist diese Macht nicht zu unterschätzen. Es wäre fatal, wenn Du durch einen unbewussten oder nicht klar ausgedrückten Gedanken oder Wunsch, etwas realisieren würdest, was Du gar nicht beabsichtigt hast. Es gibt den hübschen Spruch: *Achte darauf, was Du Dir wünschst es könnte in Erfüllung gehen!*

Und einen weiteren, sehr klugen Spruch. *„Bewahre mich vor der Erfüllung meiner Wünsche"!*

Ich muss an dieser Stelle eingestehen, dass ich diesen Bereich anfänglich vernachlässigt habe und dadurch Dinge geschehen sind, die besser nicht passiert wären! Was geschehen ist kannst Du nicht rückgängig machen. Da hilft nur es zu vermeiden. Seit dieser Zeit versuche ich immer noch mehr, nur das Positive zu denken!

Beide Sprüche sagen uns sehr deutlich, dass es manchmal besser ist, wenn nicht alle Wünsche in Erfüllung gehen. Angenommen, jemand hat Dich mit einem dummen Spruch geärgert und Du hast ihm etwas „hinterher gewünscht". Stell Dir nun vor es wäre ein böser Wunsch oder ein schlechter Gedanke. Du kannst mit der inzwischen erlernten Macht jemanden verletzen. Nicht auszudenken! Und nicht wünschswert! Auch ich muss mich immer wieder zusammen nehmen, damit kein solcher Gedanke entsteht. Es wird viel leichter, wenn Du in allen Menschen erst mal das Gute siehst. Versuch es zumindest!

Das ist aber nur die eine Seite. Die andere Seite ist nicht so leicht zu kontrollieren. Es geht dabei um die Gedanken und Eingebungen die Dich von außen treffen.

Es sehr wichtig, nicht nur die unbewussten Gedanken zu beachten, sondern auch die Gedanken die sich als Wünsche bei uns einschleichen. Bist Du Dir jedes Mal sicher, dass der Wunsch in Deinen Gedanken auch wirklich von Dir kommt? Oder könnte es sein, dass Du eine Werbung im TV gesehen hast, die diesen Wunsch „gedanklich", zum Bild, werden ließ? Gerade das, ist eine nicht zu unterschätzende Macht, die uns beeinflussen kann! In viel zu wenigen Reportagen wird gezeigt, dass die Filme teilweise mit Bildern versetzt werden, die nur in unser Unterbewusstsein eindringen. Es sind Sequenzen, die wir nicht bewusst sehen. Aber es erscheint ein Bild im Kopf. Unbewusst. Ist Dir schon mal aufgefallen, dass im Kino bevor der Hauptfilm anfängt, mehr als genug Werbung gibt? Und dann hast Du „plötzlich" den Wunsch, ein Eis zu essen? Oder Durst? Dazu brauchen die „Macher" nur das Bild einer Wüste „einspielen" und das Unterbewusstsein gibt das Verlangen an den Körper weiter. Du hast Durst. Die Möglichkeiten sind fast unbegrenzt, wenn man weiß wo man ansetzen muss.

Passend zu der Situation, kommt der Eismann herein und verkauft Eis! Oder es gibt etwas zu Trinken zu kaufen.

Seltsam, nicht?

Untersuchungen haben gezeigt, dass diese kleinen unbewussten „Ideen" in einer Werbung, Verlangen bei Menschen auslösen können. Die von mir beschriebene Methode ist inzwischen „normal". Durch das seit Jahren praktizierte Einpflanzen von Bildern. Es gibt in fast jedem Kino vor dem Hauptfilm, Eis zu kaufen. Aber das war nicht immer so. Anfänglich wurden die „kleinen, schnellen Bilder" in den Vorfilm eingebaut und die Kinobesucher bekamen immer öfter Lust auf ein Eis oder etwas anderes. Also hat sich diese Art der Manipulation inzwischen verselbständigt! Wir merken es nicht einmal mehr! In wie vielen anderen Fällen es genauso funktioniert möchte ich an dieser Stelle nicht genau ausführen, sonst ist mein Buch schnell wieder vom Markt verschwunden! Aber Du kannst es ja ausprobieren! Du weißt, dass Du selber entscheiden kannst, ob Du Dich manipulieren lässt oder nicht.

Wichtig in Deinem Fall ist, dass Du Dir dieser Manipulation klar wirst. Möchtest Du wirklich ein Eis, oder hast Du wirklich Durst? Oder ist es „eingepflanzt"? Es ist ganz alleine Deine Entscheidung. Lässt Du Dich verführen oder entscheidest Du selber was Du wirklich willst?

Es sind genau die Menschen, die von so einer Manipulation Vorteile haben, die natürlich auch nicht wollen, dass Du darüber Bescheid weißt, wie einfach es ist, Deine Gedanken zu beeinflussen und zu manipulieren. Deshalb gibt es auch leider nicht genügend Berichte, die uns darüber in Kenntnis setzen.

Bei Unterhaltungen mit Freunden und Bekannten (ja auch Familie) können sich Wünsche in Deinen Gedanken festsetzen, ohne dass sie Deine eigenen sind. Wenn Du nun etwas haben willst und Du Dir nicht sicher bist wieso, überlege bitte kurz, ob es Dein Gedanke war oder ein sehr starker Wunsch eines Menschen in Deine Umgebung. Aber halt! Dabei muss ich auf die vorhergehenden Kapitel zurück greifen. Bei jedem Wunsch oder Verlangen müsstest Du erst mal feststellen, ob es Dein eigener Wunsch ist.

Es kann sein, dass es der Wunsch eines Freundes ist, dass Du Dich mal wieder meldest. Das hat aber nichts mit einem plötzlichen

Verlangen nach Essen oder Trinken zu tun. Bitte nicht verwechseln.

Du erinnerst Dich? In so einem Fall kannst Du feststellen, dass jemand so starke Gedanken schicken kann, dass Du sie spürst! Leider gibt es auch Menschen, die solch starke Gedanken schicken können, Dir aber nicht wohlgesonnen sind. Sie wollen Dich beeinflussen mit ihren Gedanken. Es ist also alles andere als einfach, Gedanken die sich plötzlich in Deinen Kopf schleichen, zu unterscheiden. Dazu brauchst Du die Kontrolle der Gedanken. Es ist nützlich und lernbar.

9

Abschluss

Das ganze Universum ist innerhalb einer Zeitspanne entstanden, welche wir uns noch nicht mal vorstellen können. Innerhalb eines Bruchteiles einer Sekunde! Alles was „da draußen" ist! Auf einmal. Und es dehnt sich immer noch aus. Aber dankeswerter Weise sehr viel langsamer als es entstanden ist. Wie es entstanden ist und warum, kann immer noch kein Mensch sagen. Wie es weiter geht und ob wir die einzigen sind, kann auch niemand sagen. *Was wäre wenn*, die Entstehung unseres Universums nur das Ergebnis eines <u>Gedanken</u> ist?

Gedanken! Diese ultimative Macht. Sie können Dein Leben verändern, wenn Du es willst und zulässt. Es ist die Macht des positiven Denkens, das Dich weiterbringt! Du musst sehr vorsichtig sein, Deine Macht zu gebrauchen. Nicht jeder ist damit einverstanden.

Es hat Vorteile in Deutschland leben zu können. Du kannst alles sagen, was Du möchtest. Für Gedanken gibt es noch keine Regeln oder Kontrollen! Noch nicht!

Bis zu dem Zeitpunkt, an dem Du etwas laut aussprichst oder aufschriebst. Wenn das auf die falschen Ohren oder Augen trifft, wirst Du sehen, was geschehen kann!

Nach dem „Genuss" meines Buches ist Dir sicher klar geworden, dass ich nicht mit allem einverstanden bin. Vieles läuft sehr gut! Wir leben in Sicherheit und Wohlstand. ABER! Möchtest Du, dass Deine Kinder von fremden Menschen erzogen werden? Dass Verhaltensweisen als normal angesehen werden, die nicht in Dein Lebensbild passen? Müssen Kinder vor dem Fernsehen „geparkt" werden, damit die Eltern arbeiten können? Dass Deine Kinder mit Vorstellungen aufwachsen, die keinesfalls der Realität entsprechen?

Der Nachteil dieses Lebens ist, dass vieles verboten wird. Als könnten wir mündige Bürger nicht selber entscheiden was gut für uns ist. Oder einfach sagen: „ich will das so haben"! Ohne dass uns jemand verbietet unser Leben so zu gestalten, wie wir es für gut und richtig finden!

Die Methoden der Kontrolle und Manipulation in unserer Gesellschaft ist inzwischen sehr ausgereift. Nicht alle erkennen diese Beeinflussung. Diejenigen, die es nicht erkennen, halten Menschen wie mich, für „Verschwörungstheoretiker". Schon ein bisschen lächerlich. Wir sehen einfach nur etwas mehr und auch hinter die Kulissen! Vielleicht ist es wahr, vielleicht nicht! Wer das beantworten kann hat immense Vorteile!

Wenn Du zum Beispiel irgendetwas tust, was den „Machern" nicht gefällt, gibt es unzählige Möglichkeiten, Dich zu bändigen. Mit meiner Einstellung und dadurch, dass ich es aufgeschrieben habe, trete ich wahrscheinlich einigen auf die Füße! Dann sollen SIE ihre Füße beiseite nehmen! Wenn nur ein paar Menschen meine Ideen lesen und ausprobieren, bin ich schon zufrieden. Der Anfang ist gemacht!

Ich kann und möchte hier nicht noch mehr ins Detail gehen, da auch ich mich weiter in „Positivem Denken" üben muss. Jeder negative Gedanke kann auf Dich zurückfallen und mehr Schaden anrichten als Nutzen! Es ist eine schwierige Kombination aus Deiner Macht und der Macht, die andere über Dich haben!

Außerdem möchte ich nicht, dass dieses Buch „zufällig" nicht mehr zu bekommen ist.

Durch lange Gespräche mit Freunden zum Thema dieses Buches, bin ich überzeugt, dass es „da draußen" sehr viel mehr gibt als wir wissen. Viel mehr, als wir uns je träumen lassen. Und ich habe die Hoffnung, dass wir eines Tages dieses Wissen auch erfahren dürfen.

Alle Manipulationen auf unserer Erde werden beendet! Wenn wir „*wissen*". Im Kleinen können wir aber schon jetzt und hier anfangen. Alles hinterfragen! Immer selber überlegen, ob es auch richtig ist! Nicht alles als wahr oder selbstverständliche hinnehmen! Lass Dich nicht zu etwas überreden, von dem Du nicht zu 100 % überzeugt bist. Denk in aller Ruhe nach, auch wenn Eile angesagt ist. Du weißt ja nun, wie man Zeit in die passende „Länge" bringt!

Eine Freundin meinte nach einer kleinen Kostprobe des Entwurfes, für Esoteriker wär das was. Ich will Dir aber klar machen, dass Gedanken so machtvoll und stark sind, dass Du alles damit verändern kannst! Das hat für mich mit Esoterik so viel zu tun, wie ein Elefant mit Ballet. Natürlich ist es einfacher, das Ganze in diese „Denkschublade" zu legen und zu sagen: „Ja für diese Spinner!" Finde selber heraus, wie groß Deine Macht ist und lass Dich nicht in eine Schublade stecken!

10

Quellen und Bücherverzeichnis

Quelle 1: „Warum Gott doch würfelt!"

von Marcus Chown erschienen im dtv

Quelle 2: „Wie Sie Ihre Selbstheilungskraft
aktivieren!"

von Brigitte Haman, erschienen im
Kopp Verlag

Quelle 3: „Neue Gedanken – Neues Gehirn"

von Sharon Begley, erschienen im
Arkana Verlag

Quelle 4:   „Erfolgreich wünschen"

von Pierre Franckh

Quelle 5:   „Das Geheimnis der Wunscherfüllung"

von Brigitte Haman, Kopp

Quelle 6: „Natur versus Chemie"

von Georg Salcher, Kopp

Quelle 7:   „Natur versus Chemie" von Georg Salcher,   Kopp

Quelle 8:   „Der menschliche Körper" Ein Bildatlats Bella
Vista

Quelle 9: „Verbotene Rhetorik" von GloriaBeck,   Eichborn

„Ihr haltet sie dumm – wir halten sie arm!" Dieser alte Spruch ist leider immer noch aktuell. Auch wenn es heute keiner mehr wahr haben will! Die Verantwortlichen hierfür sind inzwischen andere. Seit Jahrhunderten wird uns das Denken - bestmöglich erspart – das machen andere für Dich! Wir werden mit so vielen Medien abgelenkt, dass sich fast keiner mehr die Zeit nimmt ein Buch zu lesen. Aber es hat angefangen sich zu ändern. Du bist mittendrin! Hinzu kommt, wer sich Sorgen um seine Zukunft machen muss, hat nicht die Zeit über irgendetwas Wichtiges nachzudenken! Wir merken es leider nicht mehr so stark, wie sehr wir manipuliert werden. Wer seine eigenen Gedanken hat und sich Gedanken macht, ist nicht unbedingt gerne gesehen in unserer jetzigen Welt. Wer noch dazu seine Gedanken laut ausspricht oder gar aufschreibt, so dass andere sie lesen können – *da muss ganz schnell etwas dagegen unternommen werden.* Für uns ist es nicht vorstellbar, dass es immer noch eine Zensur von Büchern gibt – heutzutage doch nicht mehr – aber es gibt sie immer noch. Es gibt Bücher, die in diesem Land einfach nicht zu erstehen sind.... aus vielfachen Gründen – oder sollte ich besser Vorwänden – sagen? Also mein Rat, ließ schnell, bevor auch dieses Buch der Zensur - die es eigentlich nicht gibt - zum Opfer fällt!

Verlag

Book on Demand GmbH

In de Tarpen 42

22848 Norderstedt

Alle Recht vorbehalten

Kontakt für Verbesserungen:

anette@pass-beauty-factory.de

Bitte seid nicht zu hart mit vorschnellen Gedanken!